Essência do Supremo Gozo

Autoconsciência Meditativa com Vinte e Um Pregos Dzogchen

Uma Transmissão de Boca a Ouvido de Dzogchen Bön de Zhang Zhung

Essência do Supremo Gozo

Autoconsciência Meditativa com
Vinte e Um Pregos Dzogchen

Uma Transmissão de Boca a Ouvido de
Dzogchen Bön de Zhang Zhung

Comentário de
Geshe Dangsong Namgyal

Tradução do texto Raiz pelo Prof. Kurt Keutzer

Namkha Publications
Freedom, California

Namkha Publications
P.O. Box 65
Freedom, CA 95019 USA
namkhapublication@gmail.com
https://www.kunsanggarcenter.org/publications

ISBN: 979-8-9937738-9-6

Conteúdo

Dedicatória

Este livro é dedicado a todos os meus bondosos e sábios professores, em grande apreço por sua incansável orientação. É oferecido especialmente para o benefício e a libertação de todos os organizadores, sangha e voluntários do Kunsang Gar International, além da realização final de todos os seres sencientes. Que todas as energias negativas do mundo sejam pacificadas.

Introdução

Geshe Dangsong Namgyal é um verdadeiro lama Rimé (ris med) tanto em sua visão quanto em seus estudos. Na sua opinião, está verdadeiramente aberto e agradecido aos pontos de vista expressos em cada uma das grandes escolas do Tibete: Bön, Nyingma, Sakya, Kagyu e Gelugpa. Além disso, ele tem se esforçado para se familiarizar ainda mais com as várias visões da cultura ocidental incorporadas nas religiões e na filosofia ocidentais.

Quanto aos seus estudos, na sua educação formal não só obteve o grau de Geshe no Mosteiro Bön Triten Norbutse, mas também aprimorou os seus estudos no mosteiro Gelugpa Sera Je. Este estudo auxiliar mostra sua paixão genuína pelo aprendizado, e a profundidade de sua compreensão da tradição Gelugpa foi demonstrada quando o altamente respeitado lama Gelugpa HE Chöden Rinpoche pediu a Geshe para ser o professor residente em um de seus centros ocidentais. Além de seus estudos formais, Geshe reservou um tempo para ler a literatura de cada uma das outras escolas do Tibete.

Em meus próprios estudos com Geshe, sempre fico impressionado com a amplitude de seu conhecimento. Desde rituais práticos associados à prática de Walchen Gekhö, até sua compreensão das escolas de filosofia das escolas madhyamaka, há muito desaparecidas, Geshe nunca deixa de me surpreender com o escopo de sua compreensão. Igualmente importante é que ele está sempre disposto a dedicar algum tempo para responder a perguntas: desde pequenos esclarecimentos sobre termos tibetanos até perspectivas gerais de visão.

Geshe Namgyal traz todas essas habilidades em seu comentário sobre a *Essência do Supremo Gozo: Vinte e Um Pregos Dzogchen*. Dzogchen é o ensinamento mais elevado de Bön, e *a Tradição de Boca a Ouvido de Zhang Zhung* é universalmente considerada como a mais elevada tradição de Dzogchen em Yungdrung Bön. Dentro da *Tradição de Boca a Ouvido de Zhang Zhung,* os *21 Selos* pertencem à quarta e mais elevada seção de "máximo segredo", na qual os ensinamentos são apresentados para dar certeza irreversível no estado natural. Embora o "ensino mais elevado" seja aplicado liberalmente aos ensinamentos para inspirar os alunos, os *Vinte e Um Pregos são* verdadeiramente um dos ensinamentos mais elevados de todo Yungdrung Bön. Não faz muito tempo que os alunos só seriam apresentados a esses ensinamentos após anos de estudo e conclusão de práticas preliminares. Contudo, dada a situação moderna, Geshe-la e outros professores Bön estão disponibilizando estes ensinamentos ao Ocidente. Ainda assim, para muitos estudantes, as expressões concisas dos 21 Selos são demasiado abstratas para serem facilmente compreendidas, e alguns queixam-se de que cada selo apenas repete os mesmos pontos continuamente. Para remediar isso, Geshe compassivamente reservou um tempo para fazer um comentário de fácil acesso.

— Prof. Kurt Keutzer —

Essência do Supremo Gozo

Autoconsciência meditativa
com vinte e um Pregos Dzogchen

*Uma transmissão de boca a ouvido de
Dzogchen Bon de Zhang Zhung*

Neste ensinamento usamos frequentemente a palavra *Kuntuzangpo (kun tu bzang po)* porque é o início da linhagem. As pessoas podem pensar que este é o nome de um Lama importante. Se você aprender o material de todos esses capítulos, compreenderá o verdadeiro Kuntuzangpo. Este ensinamento tem uma linhagem distante e uma próxima, e tudo leva de volta a Kuntuzangpo; em sânscrito, é Samantabhadra ou Dharmakaya.

Existem duas linhagens para este ensinamento: uma longa e contínua e uma curta e imediata. Em termos de linhagens de transmissão oral de Dzogchen de Zhang Zhung, existem quatro bases de linhagens das quais muitas vieram em uma linhagem longa. Uma emanação de Kuntuzangpo aparece na forma de Tapihritsa, que por sua vez ensinou a instrução de transmissão oral ao grande mestre Nangzher Lopo. Esta é reconhecida como a linhagem curta. Nangzher Lopo era o guru do rei de Zhang Zhung. Ele encontrou três vezes o corpo de emanação de Kuntuzangpo e recebeu todos os ensinamentos de transmissão oral do Dzogchen. Ele foi o primeiro a escrever as escrituras que recebeu de Tapihritsa. Posteriormente, este ensinamento tornou-se um texto Bön dominante dado por muitos mestres em Zhang Zhung e no Tibete.

Além disso, devido às diferenças entre os praticantes e às diferentes maneiras pelas quais vários praticantes chegam à realização, há quatro partes nesta instrução: categorias externa, interna, secreta e extremamente secreta.

A primeira descreve os sistemas de princípios e filosofias nos ensinamentos gerais dos primeiros oito dos nove caminhos ou veículos de Bön. Em seguida, mostra como o ensinamento da Mente Natural pura corta tudo isso; ela elimina todas as ideias preconcebidas que estão presentes em todos os sistemas de princípios inferiores. Em tibetano, é chamado *tawa chig-chod (lta ba ci spyod)*; a 'visão que corta tudo de uma vez.'

A segunda categoria é chamada *manga markhrid (man ngag dmar khrid)* em tibetano. Literalmente, *as Instruções Vermelhas*, significa instruções extremamente explícitas e é uma transmissão direta de instrução muito definitiva.

A terceira parte trata da consciência nua da própria instrução — como se alguém tirasse a roupa e você visse seu corpo nu. Isso é chamado de *rig pa cher-thong (rig pa gcer mthong)* em tibetano, ou ver a consciência nua. Esta categoria revela principalmente a natureza real da sabedoria autoconhecedora, *rigpa*.

A quarta parte aponta para a Natureza Última da existência, a Realidade Última, que leva diretamente à fonte e elimina todas as dúvidas, levando a uma certeza profunda sobre ela. Isso é chamado de *nelug phug chod (gnas lugs phug cod)*, ou avançar para a realidade última.

Os dois tipos de instruções nestes ensinamentos *Dzogchen (rdzogs chen)* da Linhagem Oral de Zhang Zhung são o *ka gyud (bka' rgyud)* ou linhagem de explicação oral, e *nyam gyud (nyams rgyud)*, a linhagem experiencial.

A linhagem escritural é extremamente vasta e contém muitos volumes, muitos dos quais precedem este ensinamento.

Contudo, este ensinamento faz parte da primeira categoria de ensinamentos: a "visão que corta tudo de uma vez". Todo o tema da prática Dzogchen está incluído nela. Ao praticar estas instruções, é como se você não precisasse de nenhuma outra instrução Dzogchen; tudo está completo neste ensinamento. Ambos *trechöd (khreg chod)*, o corte e *thögal (thod rgal)*, a travessia direta, estão incluídos. No entanto, é bastante curto e, se você estudar outros ensinamentos, este ensinamento pode servir como um comentário a esses outros ensinamentos.

Eu me prostro diante de Kuntuzangpo, o grandemente compassivo.

Este Kuntuzangpo onipresente não é algo afastado ou distante de nós; está dentro de nós próprios. A própria natureza da nossa mente, o nosso próprio Estado Natural, é Kuntuzangpo. É onipresente, espalhando-se por toda parte, como o espaço, no qual todos os elementos e fenômenos estão contidos. Da mesma forma, toda a existência, pura e impura, samsara e nirvana, surge do nosso próprio Estado Natural. É por isso que é chamado de onipresente. Chamá-lo de grande compassivo é do ponto de vista de sua qualidade de clareza iluminadora. Contém todos os nobres atributos dos Budas e Bodisatvas espontaneamente presentes nele: as seis perfeições, os cinco caminhos, os dez fundamentos e assim por diante. Prostrar-se diante dele significa que reconhecemos essas qualidades surpreendentes e somos inspirados a praticar para que possamos descobri-las por nós próprios.

O texto afirma:

A fim de conduzir os afortunados à base do fluxo de consciência,

Esta essência da transmissão oral profunda, mais elevada e secreta,

Esta instrução que vai à base fundamental do Estado Natural

Revela o pináculo do veículo definitivo da porta de Bön.

Aqui está dizendo que as instruções são para que os seres afortunados investiguem e descubram o Estado Natural, a Mente Natural, dentro de si próprios.

Delineado como a essência das escrituras e o cerne dos tantras,

É sagradamente dado como uma instrução por excelência, tão preciosa quanto seus olhos.

Esta transmissão oral por palavras, e transmissão do coração por pensamento, foi escrita em turquesa em papel branco como uma concha.

Esta instrução foi chamada de porta de Bön. De todos os 84.000 ensinamentos de Buda, é o mais precioso de todos. Este ensinamento, que nos foi trazido pelos Mestres, é tão precioso quanto os nossos olhos.

A emanação, Tapihritsa, ensinou-o ao Shen carmicamente vinculado,

E foi repassado, por sua vez, aos detentores da linhagem posterior.

Que estes pregos dos vinte e um pontos vitais

Perfure seu alvo: o intelecto dos seres afortunados!

Samaya!

Quando se fala da emanação, refere-se àquele aspecto de Kuntuzangpo que emanou como o Lama que o registrou por escrito. É apresentado em vinte e uma seções chamadas pregos. A razão pela qual são chamados de pregos é porque, uma vez pregado, não pode se mover. É muito estável; não tem outro significado e não pode se mover.

Prego 1

Eu me prostro diante de Kuntuzangpo, que revela diretamente a autoconsciência inata.

Uma pessoa que teme profundamente o nascimento e a morte, Num delicioso retiro solitário.

A primeira coisa que uma pessoa deve fazer é reconhecer a base de tudo e obter profunda certeza na autoconsciência inata.

O Rei da consciência inata do que nasce intrinsecamente é profundo e sutil. Raramente é conhecido e difícil de perceber. Portanto, este método distinto de reconhecimento é ensinado.

O caminho do método para discriminar entre a mente e a Mente Natural é:

restringe os pontos vitais do corpo.

Segure o cavalo do vento.

Deixe as portas da lâmpada descansarem naturalmente.

Quanto à instrução quintessencial sobre a discriminação entre a mente e a Mente Natural:

Não examine [objetos] externos.

Não analise a [mente] interna.

Não persiga o passado ou o futuro.

Isto ensina toda a extensão da distinção entre mente e Mente Natural.

Quando as impurezas se dissolvem na vastidão, a pureza irradia como luz.

Quando as roupas do intelecto são removidas, a consciência inata surge desnuda.

Quando as nuvens do pensamento se dispersam, a sabedoria primordial se liberta dos obscurecimentos.

Quanto ao reconhecimento da mente e da Mente Natural:

Livre de pensamentos,

Tornando-se a base de tudo,

Neutra,

Possuindo o potencial de surgir como qualquer coisa sem cessar –

Esses quatro.

A base de tudo é a Mente Natural,

Recolhida e consciente,

Capaz de surgir como qualquer coisa,

Liberada quando solta,

Se for permitido assentar, se mistura [com a base de tudo] —

Esses quatro.

O intelecto é a mente.

Quanto à certeza profunda em relação à mente e à Mente Natural:

Renuncie às ações distraídas através das três restrições.

Descanse a mente com compostura através dos três relaxamentos.

Mantenha-se firme na base da consciência inata através dos três métodos de acomodação.

Elimine as tendências cármicas através dos três não-sigas.

Mantenha continuamente a familiaridade [com a consciência inata] através dos três cordões.

Proteja o significado do declínio através dos três esconderijos.

Exercite a energia dinâmica da consciência inata através dos três surgimentos.

Solte na não-dualidade através das três liberações.

Sustente a medida completa do resultado através dos três não-obscurecimentos.

Isto completa o prego do reconhecimento da base de tudo.

Samaya!

Este primeiro prego começa discutindo que tipo de pessoa pode praticar esses ensinamentos. Uma pessoa que é um receptáculo para estes ensinamentos deve ter quatro características. Primeiro, a pessoa deve ser alguém que teme o samsara e que teme o renascimento através da força do carma e da delusão. Além disso, essa pessoa teme isso também para os outros, temendo o seu samsara e o renascimento através da força do carma e da delusão. Isso participa do Mahayana, os Ensinamentos do Grande Caminho do Budismo. Torna-se muito vasto. O objetivo principal de praticar este ensinamento é libertar-se do samsara, para você e para os outros.

Também foi mencionado que você deve ter um lugar tranquilo, um retiro solitário para praticar.

O praticante deve reconhecer o estado natural da sua própria mente. Isto é referido como a 'base de tudo', em tibetano, *kunzhi (kun gzhi)*, porque é a base do surgimento da existência samsárica, bem como da existência nirvânica. Por que devemos reconhecer isso? Porque, através do reconhecimento, existe possibilidade de libertação; se não for reconhecido, não há possibilidade de libertação. Tendo-o reconhecido, é necessário desenvolver uma certeza profunda e inabalável na sabedoria autoconhecedora que o reconhece. Tendo reconhecido e desenvolvido esta certeza profunda e irreversível, progrediremos e alcançaremos a realização final.

Podemos falar da consciência inata, da sabedoria transcendente que nasce espontaneamente, como sendo primordial a natureza primordialmente pura que sempre existiu. É chamado de Rei porque é a fonte de onde surgem todos os outros estados. É profundo. Por que? Porque está além da mente intelectual, além do pensamento. É chamado de sutil porque é o estado último de existência. É difícil de perceber porque está além de todos os sistemas dogmáticos que são específicos dos veículos inferiores; não é compreensível através desses sistemas de princípios. Existem explicações que diferenciam a Mente Natural de vários outros tipos de mente — pensamentos conceituais, percepções e assim por diante.

Por um lado, isto precisa ser explicado pelo lama. Mas posteriormente, isso precisa ser descoberto através da própria experiência, da sua própria prática. Sente-se na postura meditativa, estando consciente dos sete pontos ou cinco pontos como são geralmente explicados, e então deixe as portas da lâmpada descansarem naturalmente.

Sente-se em meditação. Então a instrução é abster-se de examinar minuciosamente os objetos externos ou de analisar as expressões internas da mente, e não perseguir o passado ou o futuro. Em outras palavras, enquanto estiver meditando, não preste atenção nem investigue objetos externos da consciência. Internamente, não coloque em movimento nenhuma linha de pensamento. Além disso, não se preocupe com o passado ou o futuro. Permaneça acomodado no momento presente de consciência.

Isto é semelhante a pegar um copo de água com um pouco de lodo; se você apenas deixá-lo descansar, o lodo irá naturalmente assentar no fundo; a água ficará limpa. Da mesma forma, ao permanecer num estado meditativo, os pensamentos e percepções conceituais e toda a atividade da mente se dissolverão e se acalmarão. À medida que isso ocorre, a sabedoria autoconhecedora ou transcendente se tornará cada vez mais clara.

Outro exemplo é tirar a roupa ou o roupão. À medida que se despe, o corpo aparece nu. Quando os conceitos são eliminados, surge a Mente Natural nua.

Outro exemplo são as nuvens se dissipando para deixar o sol brilhar. Quando o intelecto e a mente conceitual podem se dissolver, a consciência autoiluminada brilha.

Naquela ocasião, reconhecemos a base de tudo, Kunzhi, como a sabedoria transcendente autoconhecedora, o modo real de existência, a Mente Natural. Todos os outros estados mentais, mentes conceituais ou percepções diretas dos sentidos — não fazem parte da sabedoria transcendente do autoconhecimento. Desta forma, há diferenciação entre a Mente Natural e outros estados mentais. Você pode chamar isso de base de tudo, Kunzhi; ou você pode chamá-lo de *Rigpé Yeshé (rig pa'i ye shes)*, Sabedoria Primordial. Está além do pensamento, além do conceito. É a base de todo samsara e nirvana. É neutro. Pode surgir sem cessação. Todas as qualidades de Buda são incessantes. Outra palavra usada em tibetano é *sem nyi (sems nyid),* ou mente em si. A mente comum é a mente que lida com pensamentos aos quais pode ocorrer uma miríade de aparências. É muito mutável, concentra-se em um objeto após o outro. Estas são formas de distinguir a mente comum. A mente comum é o que funciona para ter sentimentos diferentes. Por exemplo, podemos nos sentir bem um dia, depois o tempo piora e não nos sentimos tão bem. Todos estes são aspectos da mente comum, não da Mente Natural. É preciso praticar para distinguir e diferenciar totalmente entre as duas.

Os praticantes precisam desistir ou diminuir o seu envolvimento em atividades que distraem; não siga visões ou pensamentos ou o que quer que apareça na mente. Ao abandonar atividades que distraem o corpo, a fala e a mente, estendemos e sustentamos a meditação. Pratique de forma secreta. Mantenha-o escondido. Não fale sobre o que o Lama disse. Não fale sobre quais experiências você tem. Não fale sobre as bênçãos recebidas através da prática.

Várias visões, sons, raios e luzes, e sentimentos de felicidade ou tristeza podem surgir. Perceba que eles são manifestações de sabedoria autoconhecedora. Quer você tenha sentimentos felizes, neutros ou infelizes, ou dificuldades que surjam em nossa vida, na sociedade ou nos relacionamentos, perceba que são todas coisas que aparecem em nossa mente. Perceba que eles estão incluídos na base de tudo, a Mente Natural.

Soltar a não-dualidade através das três liberações significa que nossas ações de corpo, fala e mente são percebidas como não-duais a partir da Mente Natural. Quando percebemos que mesmo os estados mentais negativos não estão separados dessa consciência nua, percebemos o resultado. A natureza última da Mente Natural é Kuntuzangpo, o tudo-bom. Não há aumento; não fica melhor. É como quando há nuvens — a luz do sol não é realmente afetada. Quando as negatividades são vistas sem obscurecimento, elas não obscurecem a Mente Natural; esse é o estado resultante sendo realizado. A base, o alicerce e o resultado são inseparáveis. É assim que o kunzhi deve ser reconhecido: aplicando esses métodos e sendo capaz de reconhecê-lo em sua experiência.

Prego 2

Eu me prostro diante de Kuntuzangpo, que é primordialmente livre de delusão.

Um afortunado que abandonou as atividades mundanas,

Em um local excelente e livre de comoções perturbadoras,

Elimina a delusão ao reconhecer as condições da delusão.

No som, a mente pensante é conquistada.

Na luz a mente é transfixada.

Nos raios a energia dinâmica é exercida.

No espaço existe uma certeza irreversível.

Mantenha a batida média do pulso como medida—

Nem muito, nem pouco. Conte ininterruptamente,

Contando 100 [batidas cardíacas] como uma [contagem],

Depois de 180.000 [contagens],

Você domina a familiaridade com [a natureza das] aparências.

Quanto aos raios da consciência inata e aos cordões da compaixão

Primeiro, é como uma cachoeira.

Segundo, é como um riacho fluindo num campo.

Terceiro, é como um falcão em busca de uma presa.

Quarto, é como uma tartaruga colocada numa caixa.

Quinto, é como o céu no qual os quatro elementos se esgotam.

Isto completa o prego de investigar minuciosamente a delusão.

Samaya!

No Estado Natural vamos além de toda atividade intelectual. Toda atividade sujeito-objeto é eliminada. É na separação dessa atividade que a Mente Natural é reconhecida. É impossível descrever porque está além do pensamento conceitual, além das palavras. A única maneira de entendê-lo é experimentá-lo na meditação.

O segundo prego começa com a prostração a Kuntuzangpo, primordialmente livre de delusão. Tem duas características. É chamado *kadag (ka dag)* em tibetano, significando primordialmente puro. Nunca teve qualquer obscurecimento, delusão ou mancha. Esta natureza primordialmente pura está dentro do nosso próprio ser. Nós nos prostramos diante desse Estado Natural dentro do nosso próprio ser.

Que tipo de pessoa é que pratica esta prática? Na melhor das hipóteses, significa alguém que desistiu das atividades mundanas. Mas, em qualquer caso, significa alguém que considera esta prática de meditação mais importante do que qualquer atividade mundana. Fala de estar em um local livre de comoções perturbadoras, pois se houver muito barulho ou ocorrências perturbadoras nas proximidades, pode dificultar a prática. Se alguém vai meditar em tal ambiente, o que faz? Eles eliminam a delusão reconhecendo as condições da delusão.

Se este é o nosso Estado Natural, primordialmente puro, então como estamos deludidos? O que nos leva a desenvolver ignorância e delusão e a vagar no samsara? Isto é o que precisa ser entendido. O problema está em não reconhecer as aparências como um estado inato. No nível sutil, ocorrem sons, luzes e raios que se manifestam como a energia da Mente Natural. Os objetos que vemos no mundo ao nosso redor são as formas mais grosseiras disso. Mas ao não reconhecermos essas aparências mais sutis ou visões de luzes, raios e sons, ou as aparências mais grosseiras do mundo como Mente Natural, estamos enganados.

Uma ocasião em que isto pode ser investigado é no momento da morte, quando o corpo e a mente se separam. Quando os elementos são destruídos e se desintegram, isso deixa a mente em paz. Sem dependência dos canais, ventos e gotas, a mente fica descansando em seu Estado Natural. Nesse momento, atinge-se naturalmente o Estado Natural e permanece nele como se estivesse em meditação. Em algum momento, quando está no bardo ou estado intermediário, luzes, raios ou sons começam a aparecer. Se uma pessoa não os reconhece como a manifestação da energia do Estado Natural, mas se apega a eles como autoexistentes ou como vindos de algum outro lugar, estamos enganados e é assim que ocorre o engano.

O que surge primeiro é uma ignorância chamada *lhen-kye marigpa (lhan skyes ma rig pa)* em tibetano, que significa ignorância ou desconhecimento nascido espontaneamente. A princípio, é de uma forma sutil. Apreendemos essas visões como sendo autoexistentes e externas a nós próprios; é uma ignorância instintiva muito sutil e inata. A partir daí, é mais conceituada e a ignorância se fortalece. Isso é chamado de *kuntag marigpa (kun btqgs ma rig pa)*, ignorância totalmente fabricada. Com base nisso, tiramos conclusões, criamos carma e nascemos no samsara.

Todas essas aparências mais sutis e mais grosseiras são a energia da Mente Natural, mas as mais sutis, aquelas luzes, raios e sons, como os que aparecem no bardo, são aquelas com as quais trabalhamos para reconhecer como a manifestação da Mente Natural. É por isso que se pratica olhar para o céu — para ser capaz de reconhecer e identificar essas manifestações de luz como a energia do Estado Natural. Quando fechamos os olhos e tapamos o nariz e os ouvidos, aparecem visões e sons. Com base nesses tipos de aparências, visões e sons, começamos a reconhecê-las como manifestações da Mente Natural. É por isso que o texto as menciona.

A questão aqui é ter muita certeza, firmemente decidido, de que estas são a manifestação ou energia da Mente Natural.

Quando sua meditação é estendida por longos períodos de tempo, conforme mencionado no texto — contando até 180.000, contando batimentos cardíacos e assim por diante — é quando as visões podem ser experimentadas e reconhecidas como luzes, sons e raios de sabedoria autoconhecedora. Primeiro, elas normalmente vêm em rápida sucessão, como uma cachoeira, como a água escorrendo pela encosta de uma montanha muito rapidamente. Segundo, elas vêm em profusão, mas em velocidade mais lenta, como se a água tivesse atingido um platô e se espalhasse lentamente. Terceiro, elas são como um falcão em busca de uma presa; como uma ave de rapina pairando no espaço. A meditação não se move, exceto ocasionalmente, como o falcão saindo em busca de algo para pegar. A meditação permanece estável, exceto por breves experiências de saída. Quarto, é como uma tartaruga colocada numa bacia; a mente não vai a lugar nenhum, apenas permanece num estado muito estável. Finalmente, o quinto sinal é como o céu; os outros elementos são esgotados. É como o céu, completamente claro e prístino, no qual todas as visões se dissolveram, deixando uma aparência vazia de céu.

Este processo de investigação da nossa Mente Natural, ver como desenvolvemos a ignorância, as delusões e o carma, começa com estas aparências sutis — o som, as luzes e os raios. Nós investigamos isso nesse nível sutil. Por extensão, quando reconhecido nesse nível sutil, podemos compreender que todos os elementos grosseiros de nossa experiência, as coisas que vemos, ouvimos, cheiramos, saboreamos e tocamos, também são a energia da Mente Natural. Esta é uma breve explicação de como o processo do samsara é iniciado e como ele pode ser revertido. As vastas explicações dos *12 Elos de Origem Dependente* podem ser estudadas, mas aqui, o cerne disso é descrito de forma resumida.

Prego 3

*Eu me prostro diante do onipresente Kuntuzangpo,
abrangendo tudo sem parcialidade.*

A base de tudo, que desponta em tudo na grande abertura,

É conhecida como ‹o espaço da natureza de bon›.

Tendo surgido como as nove características do espaço,

*Como o céu, permeia igualmente a grande vastidão, sem fazer
distinções.*

*Isto completa o prego do espaço da natureza de bon.
Samaya!*

É chamado de onipresente e imparcial. Seu espaço abrange tudo. Kuntuzangpo permeia todos os fenômenos sem qualquer tipo de parcialidade. Está em todo lugar. A isso nos prostramos.

Aqui, o texto fala sobre as diferentes características de *bon nyi (bon nyid)*, a natureza última, que corresponde à natureza dharmadhatu da realidade.

São nove características mencionadas:

1. Permeia todos os lugares, como o espaço.

2. É contínuo, ininterrupto.

3. É infinito, infindável.

4. É indiviso, indivisível.

5. Não há altos e baixos nisso.

6. É imensurável, insondável.

7. É inesgotável.

8. É desobstruído.

9. Não é estreito; é vasto e expansivo.

A Natureza Última tem essas nove características. Quando estamos absortos em meditação, essas nove características da realidade última da Mente Natural brilham, indivisíveis de nós. É assim que reconhecemos a Natureza Última.

Prego 4

Eu me prostro diante de Kuntuzangpo, autoconsciência inata e desobstruída.

A base de tudo, que surge intrinsecamente em você,

É conhecida como ‹a sabedoria primordial da consciência inata da natureza da mente›.

Tendo surgido como as cinco características da sabedoria primordial,

Assemelha-se ao sol, que brilha igualmente para todos, embora permaneça imaculado.

Isto completa o prego da sabedoria primordial da natureza da mente.

Samaya!

Aqui, o ensino se concentra na consciência do autoconhecimento como não obscurecida. Isto se refere à qualidade da clareza, ao aspecto iluminador presente na Mente Natural. Está dizendo, eu me prostro diante disso.

Esta base de tudo precede o samsara e o nirvana, sendo assim a sua base. A autoconsciência está presente nele. Diz-se que tem cinco características da Sabedoria Primordial, chamadas de cinco sabedorias transcendentes: Sabedoria Espelhada, Sabedoria Equalizadora, Sabedoria Discriminadora, Sabedoria Realizadora de Tudo e Sabedoria Compreendendo o Vazio.

A descrição da Sabedoria que Realiza o Vazio é semelhante àquela do sistema de princípios Madhyamika ou Caminho do Meio; essa sabedoria compreende o vazio ou a ausência de si. A Sabedoria Espelhada é o fator iluminador ou fator de clareza, que reflete todas as coisas assim como um espelho reflete tudo o que passa à sua frente. A Sabedoria Discriminadora é a sabedoria da sabedoria discernente ou do conhecimento individual e refere-se a todas as qualidades e realizações presentes no estado iluminado; mas eles são conhecidos individualmente e não estão misturados. A Sabedoria Equalizadora é a característica da sabedoria estar presente tanto no estado iluminado quanto no estado limitado dos seres sencientes — igualmente em ambos. A Sabedoria Realizadora de Tudo aponta para a característica de toda atividade ser concluída sem empenho, sem esforço e sem ter que pensar sobre isso. Como todas essas sabedorias estão presentes na Mente Natural, ela é chamada de sabedoria autoconhecedora, *Rigpé Yeshé (rig pa'i ye shes)*.

Prego 5

Eu me prostro diante de Kuntuzangpo, autoconsciência inata e primordialmente pura.

Quanto ao rei auto-originado e claro da consciência inata,

A sabedoria primordial auto-originada permanece como a fundação da base de tudo.

Sem forma, é a sabedoria primordial além da forma, do contorno e da cor.

Inexprimível, é a sabedoria primordial além das letras, palavras e nomes.

Não-conceitual, é a sabedoria primordial além dos conceitos e do discernimento do intelecto.

A sabedoria primordial tsön gang (tshon gang) é o corpo de bon sem aparências.

Shenlha Karpo, a base de tudo além de

qualquer designação,

É conhecida como "a consciência inata da natureza essencial".

Do tshon gang que é a grande sabedoria primordial da clareza,

Surge o tshon gang que é a grande luz da aparência —

Nem coletada, nem separada, luz surgindo em si,

Clara sem substância, aparente embora desprovida de natureza própria.

Não condicionada pelo formato ou pela cor,

Transcendendo qualquer medida, grande ou pequena,

É conhecida como ‹grande aparência, o corpo de bon›.

Shenlha Karpo, designada como a Deidade raiz,

É conhecida como ‹consciência inata do aparecimento de uma introvisão especial›.

Quando o olho da sabedoria primordial surge no corpo de tsön gang,

Ele vê todas as dez direções sem frente nem atrás —

Um olho desobstruído que tudo vê sem olhar.

Aparecendo como grande transparência sem interior ou exterior,

Permanecendo como a grande penetração, sem meio nem perímetro,

É uma base imaculada de tudo o que surge.

O rei primordialmente permanente da consciência inata

Não tem elementos, fases, lugares, nirvana ou samsara. Surge desde o início como o rei da consciência inata.

Não é produzido por Budas.

Não surge de ensinamentos.

Não é realizado por seres sencientes ou por suas ações.

Não é realizado por pessoas ou pelos seus esforços.

Por não ter causa nem condição, é naturalmente não produzido.

Ao contrário do mundo material, não é feito de átomos.

Não se transforma em corpo pela ação dos elementos.

Não nasce de um útero nem é produzido por um pai.

Está além do samsara, transcende as causas da delusão e da realização.

A sabedoria primordial auto-originada permanece como o fundamento, a base de tudo.

Primordialmente autossurgido, claro e luminoso,

[O tsön gang] não é fabricado ou destruído, diminuído ou aumentado,

prejudicado ou beneficiado, morto ou revivido.

Sem os pares opostos de conforto e miséria, juventude e envelhecimento, nascimento e morte,

É conhecido como ‹surgir como luz›, sem começo nem fim.

Isto completa o prego do tshon gang, o corpo de bon.

Samaya!

Esta terminologia é usada para quem sente necessidade de analisá-lo e investigá-lo. Dizer que é apenas do tamanho de um polegar transmite ao praticante que isso não muda. Permanece o mesmo, tal como é; não fica maior e não fica menor. Isso pode ser útil para alguém que sente necessidade de investigar o assunto com palavras. Essa sabedoria primordial, do tamanho de um polegar, é o corpo de bon, *bon ku (bon sku),* sem aparências. Tudo isso se refere ao Dharmakaya. Outro nome que lhe é dado é Shenlha Karpo, a Deidade Shen Branca. Este tende a ser um conceito no qual as pessoas desenvolvem fé ou crença. Você também pode pensar dessa forma, se desejar. Karpo significa branco, o que conota sua natureza pura. Significa estar completamente livre de obscurecimento, completamente claro.

É a Mente Natural, a natureza essencial e a base de tudo, o kunzhi, a base a partir da qual tudo surge. Shenlha Karpo, a Deidade Shen Branca, Dharmakaya, é a base, como uma Deidade raiz a partir da qual todas as formas e mandalas da Deidade se manifestam sem esforço, espontaneamente. Não é uma Deidade que teria uma posição, como uma Deidade gerada a frente ou autogerada; é uma Deidade que permeia todas as direções do espaço.

Que tipo de visão ou olhos esta Deidade tem? Visão desobstruída em todos os lugares. Não é como os nossos olhos, que estão obstruídos; não podemos ver através das paredes. Em Shenlha Karpo tudo pode ser visto, mesmo com os olhos fechados.

Tem começo ou fim? Não. Não tem começo nem fim. Tem uma natureza de luminosidade. É por isso que precisamos meditar. Ao ir além dos conceitos e da atividade mental, a luz da Mente Natural continua a brilhar. Este prego transmite como considerar a Mente Natural: sem fim, sem começo, a natureza da luz. No contexto dos três kayas, Dharmakaya, Sambhogakaya e Nirmanakaya, este prego diz respeito a como reconhecer o Dharmakaya.

Prego 6

Eu me prostro diante de Kuntuzangpo, o corpo da perfeição, da autoconsciência inata.

Da vasta extensão da base de tudo — sem-si, clara e vazia —

Surge a sabedoria primordial naturalmente clara, não conceitual e tsön gang.

Na igualdade não-dual do espaço e da sabedoria primordial,

Três aparências surgem como energia natural e dinâmica.

Os objetos e a consciência inata não estão misturados nem separados.

Todas as inúmeras aparências, sons e pensamentos são perfeitos.

A união do espaço e da sabedoria primordial é o tesouro de grande perfeição.

A união do céu e da expansão [das três aparências] é o tesouro de grande perfeição.

A união do método e da sabedoria é o tesouro de grande perfeição.

A união de sujeito e objeto é o tesouro de grande perfeição.

A união de causa e resultado é o tesouro de grande perfeição.

A união do corpo e da mente é o tesouro de grande perfeição.

A união do vaso e da essência é o tesouro de grande perfeição.

A união de pai e mãe é o tesouro de grande perfeição.

A união do corpo e da sabedoria primordial é o tesouro de grande perfeição.

A união da Deidade e do palácio celestial é o tesouro de grande perfeição.

Isto completa o prego do corpo de perfeita união.

Samaya!

Aqui nos prostramos diante de Kuntuzangpo como autoconhecido. Reconhecemos Kuntuzangpo como presente na Mente Natural.

Com as palavras *"Da vasta extensão"*, está implícita uma metáfora: Dharmakaya, o *Bon Ku*, é como o espaço claro, e Kuntuzangpo é como o sol dentro desse espaço. Considerando os dois aspectos, clareza e vazio, em Kuntuzangpo eles são uma unidade. *Yeshé (ye shes)*, sabedoria primordial, está em união com *ying (dbying)*, a esfera do espaço. Outros termos também são usados. Kuntuzangpo é descrito em termos da unificação destes pares: sabedoria transcendente e vazio, espaço interno e externo, clareza e vazio, meios e sabedoria, causa e efeito. Com os termos, meios e sabedoria, sabedoria refere-se ao vazio, ao lado da pureza primordial. Meios ou métodos referem-se à consciência clara e iluminadora. Como a clareza é desobstruída, todas as deidades e mandalas podem aparecer e ser realizadas espontaneamente dentro dela. Depois de ter experiência em meditação e perceber isso, ocorre uma unificação entre corpo e mente. Essa é a realização de Kuntuzangpo. Kuntuzangpo aparece como a energia ou manifestação de Dharmakaya, a Mente Natural inata.

Prego 7

Eu me prostro diante de Kuntuzangpo, o corpo de emanação que é a autoconsciência inata.

O domínio das aparências e a sabedoria primordial da consciência inata

não estão separados nem misturados.

Eles são uma energia unificada e dinâmica,

e surgem como todas as inúmeras imagens, sons e pensamentos.

As seis consciências e os seis órgãos dos sentidos que estão conectados aos seis objetos

Emanam sem parcialidade a diversidade dentro do samsara e do nirvana.

Elas surgem sem esforço como a energia dinâmica auto-originada.

No espaço das aparências, nada se dissolve nem diminui.

O céu da consciência inata não é claro nem obscurecido.

Auto-originadas e autoliberadas, [todas as aparências] são completas na esfera única.

Isto completa o prego do corpo de emanação imparcial.

Samaya!

O próximo prego segue para os corpos de emanação, Nirmanakaya. A Natureza Última, a Mente Natural, também é Nirmanakaya. Uma vez que o meditador pratique e desenvolva a realização, todas as suas atividades do corpo, da fala e da mente são reconhecidas como corpos de emanação, como seu próprio Nirmanakaya. Isto ocorre porque, na sua realização, todas essas atividades derivam e surgem da Mente Natural. É difícil para um iniciante, mas para alguém que tenha experimentado a realização, entende-se como essas atividades do corpo, da fala e da mente são da mesma natureza, não estão separadas da Mente Natural. Do lado de sua Natureza Última, o praticante que realizou a Mente Natural, todas as atividades do corpo, da fala e da mente são percebidas como Nirmanakayas. Essa é uma breve explicação.

Prego 8

Eu me prostro diante de Kuntuzangpo, dissipador da escuridão da dúvida.

Os exemplos que ilustram a união de objetos e a consciência inata são

Água, cristal, sol e uma lamparina de manteiga.

Os quatro tempos de permanência, conexão, separação e delusão

Estão associados ao não obscurecido, à clareza e à maneira de ficar obscurecido.

Vendo as coisas como elas são, sua budeidade é libertada.

Obtendo poder sobre as aparências, você tem o domínio de um conquistador mundial.

Vendo a si como outro, os seres sencientes estão deludidos.

Perseguindo as aparências, eles são enganados por essas forças externas delusórias.

[Budas e seres sencientes] emergem do poder de nossa natureza,

Sem as causas e condições do carma.

Eles emergem sem começo nem fim, ilimitados pelo tempo.

Se você obtiver certeza na essência não deludida, então a delusão será impossível.

Se você cortar as aparências na fonte, então as aparências não enganarão mais.

Isto completa o prego dos exemplos simbólicos.

Samaya!

O oitavo prego utiliza metáforas exemplificativas para dissipar dúvidas. Em geral, a Mente Natural não é obscurecida, não é coberta por nada. Mas os elementos do nosso corpo tendem a obscurecê-lo de nós. No momento da morte, quando os elementos do corpo desaparecem, a Mente Natural pode claramente surgir. Se, nesse ponto, não conseguirmos reconhecer as luzes, os raios e os sons como a energia da nossa Mente Natural, o processo de obscurecimento dessa consciência começará novamente.

Para o praticante experiente e realizado, qualquer aparência ou objeto que surja na consciência pode ser percebido como sendo uma [única] natureza com a Mente Natural, como o sol e seus raios. A razão pela qual é chamada de consciência autoconhecedora, *Rang-rig Yeshe (rang rig ye shes)*, é porque quaisquer aparências ou visões que surjam são entendidas como intrínsecas à consciência da qual surgiram. Sentimentos, experiências de felicidade e tristeza, experiências dos vários objetos dos sentidos, visões, aromas, sons, sabores, objetos tangíveis, surgimento de pensamentos — quando todos estes são reconhecidos como Mente Natural, eles são soltos ou liberados. No contexto do Dzogchen, eles são iluminados.

Vendo as coisas como elas são, sua budeidade é liberada. Obtendo poder sobre as aparências, você tem o domínio de um conquistador mundial.

O mesmo vale para a ignorância e o samsara. Se forem vistos como são, serão liberados. Você ganha liberdade das aparências, daquilo que lhe aparece. Você pode ter controle sobre as aparências que surgem. Se formos hábeis em nossa prática, isso pode acontecer sem demorar muito tempo neste estado humano. Com o controle das aparências, nenhuma das coisas do samsara pode nos prejudicar.

As visões sutis de que estamos falando são aquelas luzes, raios e sons que surgem da Mente Natural. Tipos mais grosseiros de aparências incluem sentimentos de felicidade e tristeza, percepções de imagens, sons, cheiros e assim por diante. Estas são manifestações da energia da Mente Natural, mas somos enganados quando não conseguimos reconhecê-las, quando são vistas como diferentes e separadas de nós. Seguindo-as ou objetificando as aparências, somos enganados pela delusão.

Quanto à causalidade cármica, no momento em que as aparências sutis não são reconhecidas como energia da Mente

Natural, o carma começa a ser criado novamente; isso ocorre naturalmente. É difícil dizer exatamente quando alguém é enganado em relação às aparências. Como isso acontece é o que está sendo descrito aqui, como somos enganados por não sermos capazes de reconhecer essas aparências pelo que elas são. Se reconhecermos as imagens, os sons e os raios como a energia, a manifestação da Mente Natural inata, então será impossível sermos enganados por elas. É como parar um riacho na sua origem; não pode haver água fluindo de lá. Se, na fonte do surgimento das visões, você puder reconhecê-las como manifestações da Mente Natural, todo o continuum de delusão e engano será cortado, não poderá fluir daí. Assim, são essas aparências que nos enganam.

A metáfora é a do sol e seus raios. O sol é como a própria Mente Natural. Os raios são como as manifestações ou aparências que dele surgem. Assim como os raios do sol não vêm de nenhum lugar além do sol, entende-se que as aparências emergem da própria Mente Natural. No entanto, nas nossas experiências de sentimentos e dos objetos que nos rodeiam, percebemos que eles existem por si próprios. Este tipo de verdadeira autoexistência é o que é refutado nos ensinamentos do Caminho do Meio ou Madhyamika.

Nestes, aplicamos o raciocínio da interdependência através da origem dependente para provar que as coisas não surgem apenas delas próprias, sem depender das suas partes ou relativamente. Mas é confundindo as coisas, como as aparências sutis das luzes, raios e sons, como existindo em si próprias, que dá origem a todos os tipos de sofrimentos que experimentamos, nos relacionamentos, na perda e assim por diante. Parecem ser coisas que existem fora de nós ou que nos afetam de uma fonte externa. Todo mundo tem uma tendência a objetivar as coisas dessa maneira, mesmo que elas não sejam estabelecidas como coisas externas verdadeiramente separadas.

Há um significado profundo na afirmação de alguns dos sistemas de princípios de que tudo é criado pela mente ou que tudo é mente. Aqui, nestes ensinamentos Dzogchen, é ainda mais profundo: que tudo é a natureza dessa realidade última da Mente Natural. O objetivo da prática no decorrer de nossas vidas, quando nos deparamos com diferentes experiências de sofrimento e assim por diante, é vê-las como este exemplo do sol e seus raios, ou como a clareza de um cristal e as aparências refletidas nele.

Prego 9

Eu me prostro diante de Kuntuzangpo, que não encontra nem se afasta da autoconsciência inata.

A sabedoria primordial da autoconsciência inata está oculta e escondida.

O coração que é a base de permanência

É como o oceano ou a extensão do céu.

O coração da luz das aparências

É como um pavilhão de luz arco-íris de cinco cores.

O coração limitado de carne

É como um vaso de joias misturadas.

A sabedoria primordial e clara tsön gang

É como uma lamparina dentro daquele vaso.

Esses três — som, luz e raios —

São como a energia dinâmica dos raios de uma lamparina.

O rei, a consciência inata, surge de dentro.

A base de tudo surge da vastidão do vazio.

As aparências surgem da câmara [interna] de luz.

A ilusão surge do centro do corpo.

O tesouro do céu, a fonte perfeita de tudo,

Fica obscurecida pelas sucessivas camadas de manchas.

Se não houver portal, não será visto.

Abrir a porta do tesouro revela a fonte do tesouro.

Isto completa o prego da autoconsciência inata que emerge de dentro.

Samaya!

Este prego discute Kuntuzangpo, Mente Natural, como algo que nunca encontramos ou do qual nunca nos separamos. Está sempre aqui. Não há nenhum significado adicionado a isso. Assim que somos seres vivos, essa autoconsciência inata está aqui; nunca estamos separados dela. Essa sabedoria primordial é algo que existe dentro de nós de forma oculta. Obscurecida pelos elementos do corpo, a sabedoria da consciência está oculta. No entanto, a qualidade disso pode emergir através da ativação dos canais, energias e gotas do próprio nível sutil do corpo do praticante. A consciência tem muitos fatores de apoio que surgem do fenômeno do corpo sutil. Quando estamos praticando e perguntamos *"onde reside esta natureza última?"*, podemos dizer que ela reside em nosso coração. Através do canal que vai do coração aos olhos, diz-se que esta natureza última pode ser vista através da *"porta dos olhos"*, como quando as luzes e os raios aparecem. Dizemos que vemos a natureza aberta, ou vemos sinais dela. Por causa disso, quando os praticantes meditam em salas escuras onde toda a luz foi completamente bloqueada, eles são capazes de ler letras e palavras. Isto é o resultado do aparecimento da luz clara da Mente Natural. Essa luz não é vista através do órgão físico do olho ou da consciência ocular. É visto pela própria luminosidade, saindo da Mente Natural. É como uma lamparina colocada dentro de um recipiente — está escondida dentro dos elementos do corpo. É por causa dessa luz da natureza última, das qualidades da Mente Natural brilhando, que os praticantes são capazes de ver no escuro. Ao praticar a travessia direta *(thögal)* e olhar para a luz do céu ou do sol, quando várias cores ou formas são vistas, diferentes qualidades da Mente

Natural aparecem. Obscurecidas pelo corpo, as aparências surgem do Estado Natural pela porta dos olhos. Existem outras razões pelas quais essas aparências são obscurecidas; por exemplo, devido ao nosso forte apego aos objetos e devido ao surgimento de traços cármicos.

Em geral, diz-se que existem três lâmpadas pelas quais a Mente Natural é revelada. A primeira lâmpada é através de explicações e instruções fornecidas. A segunda é perceber as qualidades da Mente Natural que surgem através da lâmpada dos olhos. A terceira é a lâmpada da realização da própria Mente Natural. Precisamos procurar estes caminhos para descobrir este grande tesouro dentro de nós — através da escuta dos ensinamentos, através da prática thögal de olhar para o céu e ter visões, e através da manifestação da Mente Natural através da meditação. Este é o prego daquela autoconsciência que surge de dentro. Como uma lamparina obscurecida dentro de um recipiente, ao usar os métodos de ouvir instruções, ver sinais e manifestar autoconsciência, a Mente Natural pode brilhar a partir de dentro.

Prego 10

Eu me prostro diante de Kuntuzangpo, autoconsciência inata que é direta e completa.

Da sabedoria primordial tsön gang, autoconsciência inata,

Emergem as cinco luzes refletidas das aparências.

Delas surgem os cinco puros.

Delas surgem os cinco grosseiros.

Através destes vinte e cinco, corpo e mente são produzidos.

A consciência inata surge através do caminho do canal.

Emanando acima, é o caminho do nirvana.

Emanando abaixo, é o caminho do samsara.

Movendo-se no [canal] direito, é o caminho dos defeitos.

Movendo-se no [canal] esquerdo, é o caminho das qualidades positivas.

As três portas são o caminho para o samsara dos três reinos.

Surgindo nas quatro portas está o caminho dos quatro tipos de nascimento.

Surgindo nas cinco portas está o caminho das cinco migrações.

Surgindo nos nove orifícios está o caminho dos nove locais.

O canal central é o caminho da não dualidade do samsara e do nirvana.

O rei da consciência inata surge desse caminho.

[Ele] surge do espaço do vazio, a base de tudo.

[Ele] surge da câmara [interna] de luz.

[Ele] surge do fluxo mental da bodicita, o canal central.

A consciência inata imaculada é o caminho da autenticidade.

A grande sabedoria primordial é o caminho da clareza.

Aquilo que é direto e inteiro é o caminho da esfera.

Isto não é uma porta para o caminho do samsara.

O cavaleiro — a mente da consciência inata —

Está montado no cavalo da atenção plena.

Impulsionado desimpedidamente pelas asas do vento,

Ele se move pelo caminho do canal central da bodicita

E chega à porta secreta do gozo na coroa.

O rei da consciência inata surge desnudamente.

Os conceitos — as roupas do intelecto — são removidos.

A sabedoria primordial auto-originada vê sua própria face.

A ignorância — a escuridão da delusão — é eliminada.

Os três reinos e nove fundamentos são abalados em suas profundezas.

A continuidade do caminho das cinco aflições mentais é quebrada.

O oceano de seis tipos [de migração] no samsara secou.

Os quatro tipos de nascimento — os portais do samsara — são esvaziados.

O selo dos três corpos autossurgidos é aberto.

Isto completa o prego do caminho sem desvio.

Samaya!

Da sabedoria primordial, aquela autoconsciência inata do tamanho de um polegar — deste Dharmakaya, descrito como sem pensamento e sem mudança, surgem cinco cores diferentes de luz. Como essas luzes surgem e como o samsara e o nirvana surgem delas? De uma forma simples, quando alguém pergunta como o mundo é criado, é assim. Desta Mente Natural surgem os cinco claros, *dang ma (dang's ma)*, e depois os cinco elementos. *Dang ma*, os claros, significam elementos, mas em suas formas sutis, sua essência. Não como os elementos externos que vemos, como o fogo e a água — eles são mais como resíduos das formas mais sutis dos elementos. Os elementos que utilizamos, com solidez, umidade, calor e assim por diante, são o que resta das formas mais sutis dos elementos. É a partir dos elementos mais grosseiros que o nosso corpo é formado. A substância material dos elementos, o calor do fogo, a coesão e a umidade da água, o movimento do ar, a solidez da terra — são eles que formam o nosso corpo.

Através dos canais psíquicos do corpo, o caminho sutil dos canais, a Mente Natural pode aparecer. Diz-se que existem dois tipos de canais: canais nos quais as delusões fluem através do nosso corpo e canais de sabedoria transcendente.

Em alguns textos estes estão relacionados aos canais esquerdo e direito que passam próximos ao canal central. Nesse contexto, diz-se que o canal direito é o canal deludido e o canal esquerdo é aquele por onde flui a sabedoria primordial. É a maneira como a energia flui nesses canais que afeta o praticante no reconhecimento do Estado Natural. Se eles praticam ou não, faz diferença em como eles renascerão. Se essas energias puderem ser influenciadas e trazidas para o canal central, será muito propício para um renascimento superior. Pode ser um estado superior dentro do samsara. Além disso, se é o reconhecimento da própria Mente Natural, também pode significar a obtenção da liberação ou da iluminação. Em conexão com a transferência de consciência ou phowa, quando a consciência é ejetada através do canal central do corpo, pode levar a um renascimento afortunado; e se essa prática for combinada com o reconhecimento da Mente Natural, a natureza última da mente, ela também leva à liberação e à iluminação. Nesse ponto, ela não está mais obscurecida pelo corpo ou pelo pensamento conceitual, de modo que a Mente Natural autoconhecedora pode aparecer nua.

Nossa prática de meditação tem esse propósito — remover obscurecimentos e deixar o estado inato brilhar. Trabalhamos para isso. Queremos lembrar que é isso que estamos fazendo, para que na hora da morte saibamos o que estamos fazendo.

O selo é aberto para que os três corpos possam brilhar. Diz-se que quando obtemos o controle ou a liberdade dos três corpos, passamos a compreender que eles são nossos. Quando você sabe que tem algo, você pode usá-lo.

Prego 11

Eu me prostro diante de Kuntuzangpo, dissipador das trevas da ignorância.

A sabedoria primordial da autoconsciência inata surge nas cinco portas.

Os cinco objetos aparecem claramente e sem pensamentos.

É o intelecto que concebe os objetos.

O caminho para ver a consciência inata é a porta da lâmpada.

Através da lâmpada aquosa do laço de longo alcance,

A escuridão do mundo é dissipada.

Através da lâmpada das aparências de uma introvisão especial,

A escuridão da tendência do intelecto ao niilismo é dissipada.

Através da lâmpada da sabedoria primordial da autoconsciência inata,

A ignorância, a escuridão do intelecto, é dissipada.

Através da lâmpada do espaço da base de tudo,

A escuridão do intelecto julgador é dissipada.

O rei da consciência inata surge na visão.

A base de tudo surge no céu vazio.

As aparências surgem na esfera interna de luz.

A clareza de tudo surge na porta da lâmpada.

Como um lótus emerge da lama,

O rei da consciência inata emerge da câmara [interna].

Assim como o sol está separado das trevas,

O rei, a consciência inata, está separado do obscurecimento sombrio.

Os seis olhos de introvisão especial surgem na testa.

Visão desnuda é conhecimento perfeito.

Isto completa o prego da lâmpada que dissipa a escuridão.

Samaya!

É a característica de Kuntuzangpo ou Samantabadra-Dharmakaya que está sendo mencionada aqui. A ignorância que nos manteve presos à situação samsárica é muito profunda e sombria. A lâmpada Dharmakaya da Mente Natural é tão poderosa, entretanto, que é como trazer luz para uma sala; mesmo que estivesse completamente escuro antes, ela é iluminada instantaneamente. Reconhecendo que a mais ínfima consciência da Mente Natural pode eliminar éons de ignorância e escuridão, nos prostramos diante dessa qualidade da Mente Natural Dharmakaya.

Está sendo comparado a uma lâmpada que ilumina a consciência da Mente Natural, bem como os olhos que podem perceber sinais do Estado Natural. Ambos são chamados de lâmpadas. A Mente Natural tem essa faceta do vazio. Às vezes é chamada de *ying*, a esfera do espaço. Por que é chamado de lâmpada? Uma mente que se apega às coisas vê apenas uma parte delas. É parcial — e isso está associado à ignorância. Considerando que a natureza última da Mente Natural permeia tudo. Não é parcial. É uma lâmpada que dissipa a escuridão do apego e da parcialidade.

Quando usamos métodos para manifestar a Mente Natural, isso acontece como uma flor que surge da lama. Assim, a Mente Natural pode surgir dos elementos do corpo. Como o sol rompendo as nuvens, a Mente Natural pode brilhar através dos obscurecimentos do corpo. Isto se refere principalmente à prática thögal, travessia direta. Na prática Thögal existem diferentes posturas do corpo que podem ser usadas para meditação que permitem que o Estado Natural brilhe. Podem aparecer sinais especiais, diferentes dos sinais habituais de meditação. Às vezes o praticante verá gotas de luz ou muitas gotas de luz, e elas podem permanecer por longos períodos de tempo. A visão superior é referida como *lhagthong (lhag mthong)* em tibetano, ou *vipasyana* em sânscrito, mas diferente da vipasyana dos ensinamentos do sutra.

Alguns ensinamentos Dzogchen dizem que esses tipos de sinais especiais não aparecem durante o primeiro estágio de trechöd; eles só aparecem na prática mais avançada de travessia direta, Thögal. Nesse contexto chamamos thögal *lhak tong*, ver além. Esses tipos de visões especiais devem surgir através da manifestação da Mente Natural; caso contrário, apenas vê-los com os olhos não é tão significativo. Diz-se que através da prática do trechöd, da prática do corte, todos os resultados do Dzogchen podem ser realizados. Mas se, através de trechöd, você ainda não consegue alcançar a compreensão das formas vazias ou da luz clara, então Thögal pode realizar isso. É na prática trechöd que a certeza se desenvolve; apenas com a prática do trechöd, todo o estado resultante pode ser realizado. A prática Thögal de olhar para as luzes serve para perceber que as visões que aparecem são a energia da Mente Natural surgindo. Minha opinião pessoal é que trechöd e thögal não eram duas categorias separadas no Antigo Dzogchen Bon, mas que essa ideia se desenvolveu à medida que os populares Dzogchen Nyingma e Dzogchen Bon se influenciaram. Este poderia ser um assunto para futuras pesquisas.

Prego 12

Eu me prostro diante de Kuntuzangpo, a união inseparável dos três corpos.

A sabedoria primordialmente pura da autoconsciência inata é o corpo de bon.

A conexão entre corpo e mente é o corpo de prazer completo.

O executor de vários atos é o corpo de emanação.

Como a base da consciência inata surge de dentro, é uma união inseparável com a essência.

Por ser treinado no canal, o caminho da consciência inata, é um caminho sem desvios.

Como o resultado surge na porta, os três corpos não ficam cobertos por obscurecimentos.

A autoconsciência inata, o corpo de bon, está na vastidão do coração.

O corpo natural completo está no caminho do canal.

O corpo de emanação autossurgido está na porta da lâmpada.

De dentro, o autossurgido permanece como o estado primordialmente iluminado.

Da esfera interna, a perfeição espontânea emerge como o estado completamente iluminado.

No ato de ver, o não obscurecido é visto como o estado iluminado manifesto.

Através do reconhecimento da base de tudo, a mãe, o Estado Natural, é alcançado.

Através da retirada da sabedoria primordial do seu esconderijo, a escuridão dos obscurecimentos é dissipada.

Através da saída da consciência inata nua, os três corpos se manifestam.

Quando as condições da delusão são reconhecidas, a raiz da delusão é cortada.

Quando o Estado Natural é apontado, todas as dúvidas da mente dualista são dissolvidas.

Quando a porta do tesouro da consciência inata é aberta,

Você chega ao tesouro mais secreto da base de tudo.

Isto completa o prego de apontar os três pontos vitais.

Samaya!

Neste décimo segundo prego, prostramo-nos diante de Kuntuzangpo como a união inseparável dos três kayas de Buda. Esta natureza última está presente em todos os seres, quer eles percebam ou não. Este prego ensina como reconhecer e ver os três kayas presentes na Mente Natural. Os três corpos estão sempre presentes em nós e são inseparáveis. A sabedoria primordialmente pura, a autoconsciência inata, o corpo de bon, dharmakaya, sempre estiveram presentes. A conexão entre corpo e mente é o Sambhogakaya, o corpo de prazer completo. As atividades do corpo, da fala e da mente, que nunca estão separadas da autoconsciência inata, são os corpos de emanação, os Nirmanakayas. Sempre que agimos com o corpo, a fala ou a mente, eles nunca são recém-encontrados ou nunca [estão] separados, mas emanam da Mente Natural. Na prática thögal, o estado inato pode brilhar através do caminho dos canais psíquicos. Ao perceber esses sinais do Estado Natural inato, a Mente Natural, podemos ter certeza da natureza de nossas ações do corpo, da fala e da mente. Os três kayas de Buda estão sempre desobstruídos no Estado Natural, nunca o abandonando, nunca saindo da Mente Natural. O Dharmakaya, o corpo de bon, o bonku, deve ser reconhecido no centro do coração. O movimento das energias nos canais do corpo é o Sambhogakaya. Os sinais que são vistos através da lâmpada dos olhos são o Nirmanakaya. Essa aparência vinda do coração da Mente Natural é o Buda Primordial, Dharmakaya. A energia que flui dentro dos canais é o Samboghakaya.

No ato de ver, o não obscurecido é visto como o estado iluminado manifesto. Os sinais que são vistos através dos olhos e escutados através dos ouvidos são o Nirmanakaya, o Estado Natural inato que reside, escondido no coração, trazido à tona e visto através dos olhos.

Quando as condições da delusão são reconhecidas, a raiz da delusão é cortada. Quando as visões de luz, raios e som aparecem e não são reconhecidas como a energia do estado inato, somos enganados ao compreendê-las como verdadeiramente existentes. Mas quando conseguirmos cortar isso e ver que são na verdade emanações ou energia da Mente Natural, poderemos eliminar a própria raiz e fonte última das delusões.

Quando o Estado Natural é apontado, todas as dúvidas da mente dualista são dissolvidas. Quando há uma indicação muito direta do Estado Natural da mente, como se você estivesse apontando para um objeto com o dedo, então a mente indecisa da dúvida se esgota.

Quando a porta do tesouro da consciência inata é aberta, você chega ao tesouro mais secreto da base de tudo. Ao fazer a prática, a porta se abre para um grande tesouro de consciência dentro de nós — a Mente Natural. É a raiz de tudo, o *kunzhi*, a base do samsara e do nirvana. As palavras do texto são poéticas, mas o mais importante é conectar-se diretamente com o significado.

Prego 13

Eu me prostro diante de Kuntuzangpo, a deidade raiz da autoconsciência inata.

Quanto a revelar a mandala de formas simbólicas espontaneamente aperfeiçoada,

A vasta extensão clara e vazia da base de tudo é o espaço da natureza de bon.

A sabedoria primordial, tshon gang, é o corpo de bon autossurgido.

Som, luz e raios são o corpo de prazer completo.

As três emanações milagrosas são os corpos de várias emanações.

As cinco luzes da aparência são a base das mandalas dos reinos puros.

O pavilhão da esfera é o palácio celestial das cinco famílias búdicas.

O corpo da introvisão especial emerge como vários corpos de formas.

As três emanações milagrosas são os corpos de várias emanações.

As cinco luzes da aparência são a base das mandalas dos reinos puros.

O pavilhão da esfera é o palácio celestial das cinco famílias búdicas.

O corpo da introvisão especial emerge como vários corpos de formas.

As três uniões são a base da emanação dos três corpos.

As cinco deidades, os cinco corpos, as cinco famílias [búdicas], as cinco sabedorias primordiais,

O casal principal e seu séquito são emanações que não podem ser compreendidas pelo pensamento.

A grande mandala é realizada naturalmente sem esforço.

A mandala de três corpos é completada em bodicita.

Como a mandala surge dentro de si, não há esforço nem realização.

Como as aparências carecem de qualquer natureza inerente, não há desejo nem apego.

Isto completa o prego de apontar a mandala.

Samaya!

Neste décimo terceiro prego, nos prostramos diante de Kuntuzangpo, a deidade raiz da autoconsciência inata.

Na tradição Dzogchen, Kuntuzangpo é a deidade raiz da autoconsciência inata, *Rangrig Yeshe*. Com duas facetas, é primordialmente puro, vazio e realizado espontaneamente. Todas as qualidades e realizações de Buda estão presentes nele. Podem surgir a qualquer momento, sem obstrução. Esta faceta de Kuntuzangpo ser a deidade raiz refere-se a esta qualidade espontânea.

Todos os vários aspectos de Buda — as cinco famílias de Buda, as deidades de meditação Yidam pacíficas e iradas, os protetores e assim por diante — todos eles surgem desta deidade raiz, a natureza última da mente. Essa sabedoria autoconsciente e transcendente é a deidade raiz, a raiz de todas as formas de Buda e de deidades. Portanto, quando você pratica esta consciência da Mente Natural, todos os Budas e deidades meditativas estão incluídos nela. Aqui nos prostramos diante de Kuntuzangpo com a compreensão de que ele é a raiz de todas as formas de Buda, tal é a raiz.

Existem dois aspectos na sabedoria transcendente: autossurgida e autoconhecedora. Em geral, a natureza última e vazia do Estado Natural é caracterizada como Dharmakaya. Seu aspecto vazio é chamado *Rangjung Yeshe*, a sabedoria transcendente autossurgida. O Dharmakaya, do tamanho de um polegar, também pode ser reconhecido como essa sabedoria autossurgida. O aspecto de autoconhecedora é chamado de *Rangrik Yeshe*, sabedoria transcendente e autoconhecedora. Assim, o autossurgida é o aspecto vazio e o autoconhecedora é o aspecto consciente. As manifestações que aparecem nesta sabedoria transcendente unificada, autoconsciente e autossurgida são as terras puras e as mandalas dos Budas. Estes incluem as cinco terras puras das cinco famílias de Budas na sua forma unificada masculina/feminina, *Yab-Yum* em tibetano, bem como os principais e os séquitos de todas as mandalas. No procedimento geral dos ensinamentos tântricos, cada deidade deve ser realizada e atualizada separadamente. Esses tipos de práticas envolvem muito pensamento e esforço conceitual que, neste caso, é visto como muita apreensão. Esse não é o modo de apresentação aqui. Em vez disso, todas essas coisas surgem da Mente Natural de maneira muito natural e sem esforço, como ondas emergindo do oceano. Como os reflexos da lua na água, quando o Estado Natural último é realizado, os Budas, as deidades e as mandalas aparecem sem esforço. Mas quando tais formas de Buda, mandalas, terras puras surgem do Estado Natural, se se envolver com tipos de pensamento dualístico conceitual, por exemplo, pensando *'que incrível!'*

então eles estão perdidos! Isso não deixa mais nada a fazer além de praticar. Em vez disso, veja-os como sendo a própria natureza ou manifestação da Mente Natural, nunca se unindo ou separando dela. Esse é o ponto principal que está sendo apresentado neste décimo terceiro prego.

Prego 14

Eu me prostro diante de Kuntuzangpo, o corpo único auto-originado.

A natureza da mente é a essência da mente.

O céu é o brilho natural da mente.

A natureza de bon é a mente última — penetrante, sem interior e exterior.

Todas as aparências são o jogo do corpo.

Todos os sons são o jogo da fala.

Todos os pensamentos são o jogo da mente.

Todos os eventos são o jogo de qualidades positivas.

Tudo o que é feito é o jogo da atividade iluminada.

Tudo é completado dentro da esfera única.

Isto completa o prego de apontar a [esfera] única.

Samaya!

Neste décimo quarto prego, a prostração é feita a Kuntuzangpo dentro de um corpo, uma esfera única autossurgida. Autossurgida significa que não é necessário nenhum esforço para criar esta esfera única e autossurgida. Dentro da sabedoria única autossurgida, tanto os meios hábeis quanto a sabedoria estão presentes; eles não precisam ser praticados separadamente. Este termo para esfera única, *nyag chig (nyag gcig)* em tibetano, significa que ela não pode ser dividida pelo pensamento.

O Estado Natural é a essência da mente. O espaço é um brilho natural da mente. Isto se refere a uma característica natural da mente ser infinita, sem limites, sem fim. O estado último é a natureza última, referida como *bon nyi*, a natureza de Bön. Esta é a natureza última da Mente Natural. Ela permeia todas as coisas externas e internas: todos os agregados e elementos do corpo por dentro e as aparências externas por fora.

Todas as aparências são o jogo do corpo. Todos os sons são o jogo da fala. Todos os pensamentos são o jogo da mente. Para alguém que está profundamente imerso nesta prática e que obteve a realização através dela, todas as aparências, sons e pensamentos são manifestações da Mente Natural. Quando você está profundamente imerso na prática e ela se torna muito estável, você não perde a força dela. Quando essa compreensão permanece muito forte em sua consciência, então quaisquer formas, sons ou pensamentos que apareçam serão formas de Buda, sons de Buda, pensamentos de Buda.

Se você tentar escrever no espaço, não conseguirá, não é? Com esse tipo de compreensão, se você disser algo negativo, isso não criará carma negativo, porque você perceberá que tudo é uma forma vazia. É como se você estivesse escrevendo em um espaço vazio. Todas as aparências, toda a existência, são emanações do corpo iluminado. Quando você ouve comentários negativos, você não é prejudicado por eles. Não cria sofrimento. Isso acontece quando você percebe que tudo é manifestação da Mente Natural ou Dharmakaya.

Todos os eventos são o jogo de qualidades positivas. É semelhante para todos os tipos de atividades; eles se tornam formas vazias. Este é o prego da esfera única, o ponto principal é que todas as atividades, aparências, sons e pensamentos estão dentro desse, último, Estado Natural da Mente. Todos eles emanam dentro disso.

Prego 15

Eu me prostro diante de Kuntuzangpo, que não tem obscurecimentos ou tendências cármicas.

Para cortar completamente as tendências cármicas da base de tudo,

Corte a corda de agarrar e desfaça os nós de fixação.

Ensina-se que quando as sementes forem erradicadas não haverá retorno.

O céu claro e vazio é a base.

Os elementos e fenômenos mundanos são a energia dinâmica.

Persegui-los é a maneira como você está deludido.

Vê-los como deficientes é o erro.

Deixá-los como estão é o método.

Liberá-los para a vastidão é o caminho.

A não-dualidade é a realização.

Manifestar é o resultado.

A sabedoria primordial sem ação é a base.

Variedades de ação são a energia dinâmica.

Persegui-los é a maneira como você está deludido.

Vê-los como deficientes é o erro.

Deixá-los como estão é o método.

Liberá-los para a vastidão é o caminho.

A não-dualidade é a realização.

Manifestar é o resultado.

A sabedoria primordial silenciosa é a base.

Variedades de fala são a energia dinâmica.

Persegui-los é a maneira como você está deludido.

Vê-los como deficientes é o erro.

Deixá-los como estão é o método.

Liberá-los para a vastidão é o caminho.

A não-dualidade é a realização.

Manifestar é o resultado.

A sabedoria primordial livre de pensamentos é a base.

As variedades de pensamentos são a energia dinâmica.

Persegui-los é a maneira como você está deludido.

Vê-los como deficientes é o erro.

Deixá-los como estão é o método.

Liberá-los para a vastidão é o caminho.

A não-dualidade é a realização.

Manifestar é o resultado.

A sabedoria primordial auto-originada é a base.

As cinco emoções venenosas e perturbadoras são a energia dinâmica.

Persegui-los é a maneira como você está deludido.

Vê-los como deficientes é o erro.

Deixá-los como estão é o método.

Liberá-los para a vastidão é o caminho.

A não-dualidade é a realização.

Manifestar é o resultado.

A sabedoria primordial da autoconsciência inata é a base.

Som, luz e raios são a energia dinâmica.

Apreendê-los como coisas reais é a maneira pela qual você está deludido.

Vê-los como superiores é o erro.

A certeza profunda é o método. Liberá-los em sua própria aparência é o caminho.

A ausência de sua natureza própria é a realização.

Surgir como energia dinâmica é o resultado.

Isto completa o prego da certeza profunda, [a unificação de] mãe e filho.

Samaya!

Este prego é importante porque discute os tipos de erros que podemos cometer em nossa prática. Há uso dos termos mãe e filho, com mãe referindo-se à própria Natureza Última, e filho referindo-se às aparências que dela surgem. Fazemos prostrações a Kuntuzangpo com a compreensão de que a Natureza Última e as aparências são como mãe e filho. Com esse tipo de compreensão não há possibilidade de ocorrer engano. Quando temos consciência de que as aparências surgem do Estado Natural, não há ignorância nem engano. O fator de ignorância da nossa mente pode ser removido; é acidental e temporário. É com esta compreensão de que a Natureza Última e as aparências são como uma mãe e um filho, que nos prostramos a Kuntuzangpo.

Meditamos na Mente Natural ou na natureza essencial da mente para eliminar os traços cármicos e os nós do apego até que eles não possam mais surgir.

Há algumas breves declarações feitas aqui sobre como a meditação deve ser, bem como sobre erros que podem ser cometidos. O texto fala de base, caminho e resultado. Na base está uma união de vazio e consciência, que é como um céu vazio. Então, os elementos do universo são como a energia dinâmica da Mente Natural. Ao seguirmos as aparências, seja durante a meditação ou em outras ocasiões, somos enganados. Pensar que essas aparências são algo a ser eliminado, porém, é um caminho errado, uma direção equivocada.

O método é deixá-los como estão. Sempre que surgem aparências, em vez de pensar que está errado, que não deveria estar acontecendo, o método é simplesmente deixá-las como estão. O caminho é liberá-las no vazio. A palavra tibetana *long (long)*, extensão ou espaço, está sendo usada aqui para se referir ao vazio; liberar as aparências para o vazio é o caminho. A realização é uma não-dualidade. Quando você percebe que as aparências não estão separadas da Mente Natural, esta é a compreensão. Sempre que alguém percebe isso, seja dentro ou fora da meditação, esse é o estado resultante. Existem muitas palavras que descrevem este prego em particular, mas todas descrevem o mesmo ponto. O padrão é o mesmo: a base, a manifestação da energia, como somos enganados, o caminho errado que pode ser tomado, o método a ser usado, o caminho, a manifestação e o resultado. Eles se repetem usando várias metáforas.

A sabedoria primordial sem ação é a base. A sabedoria transcendente está livre de atividade. O que significa estar livre de ação refere-se principalmente a estar livre da mente intelectual, livre da conceitualidade sujeito/objeto. As variedades de ação, os pensamentos da mente, são a energia da Mente Natural se manifestando. As afirmações restantes seguem o mesmo padrão: perseguir essas manifestações é como você está deludido, vê-las como deficientes é o erro, deixá-las como estão é o método, libertá-las para a vastidão é o caminho, a não-dualidade é a realização, e a manifestação disso é o resultado.

Quanto a todas as práticas como visualização de deidades, recitação de mantra e assim por diante, você não as abandona, mas por outro lado, elas não devem ser apreendidas. É semelhante a quando meditamos, não tentamos parar de pensar intencionalmente. E ainda assim, quando surgem pensamentos, não os seguimos. Este é um caminho de liberação, um caminho libertador. Quer estejamos meditando ou envolvidos em qualquer atividade, tudo isso é visto da mesma maneira.

O próximo conjunto diz que a base é a sabedoria transcendente inexprimível e as várias expressões da fala são suas manifestações. O padrão é o mesmo. Se perseguirmos as palavras, é assim que seremos enganados. Se as considerarmos defeituosas, será um caminho errado. Deixá-las ser é o método, liberá-las no vazio é o caminho, a não dualidade é a realização e a manifestação é o resultado.

O conjunto a seguir diz que a base é a sabedoria transcendente não-conceitual. Se estivermos meditando na Mente Natural, todos os pensamentos serão deixados de lado. A Sabedoria Primordial livre de pensamentos é a base. Os vários pensamentos que surgem são suas manifestações. Segui-los é como somos enganados. Tentar detê-los é a direção errada. Todo o resto é igual.

A próxima estrofe fala da base como sendo a Sabedoria Transcendente Autossurgida. Dentro dos dois aspectos da Mente Natural — autossurgimento e autoconhecimento — refere-se à sabedoria transcendente autossurgida. Os estados mentais delusórios, os cinco venenos da ignorância, do apego, da aversão, do ciúme e do orgulho, nada mais são do que o surgimento da energia da Mente Natural. Não há necessidade de se envolver com eles, persegui-los, detê-los, considerá-los defeituosos. É assim que somos enganados.

Existem diferentes abordagens para essas cinco delusões em diferentes aspectos dos ensinamentos. No contexto do sutra são referidas como cinco delusões venenosas e, como tal, precisam ser eliminadas, purificadas e limpadas; se não estiverem, temos um problema. Assim, no sistema do sutra, eles são vistos como algo a ser abandonado.

Nos ensinamentos tântricos gerais, os cinco venenos não são vistos como algo a ser abandonado, mas sim como algo que pode ser transformado. As cinco delusões podem ser transformadas nas cinco sabedorias transcendentes. Os ensinamentos tântricos gerais são conhecidos como Caminho da Transformação. No modo Dzogchen, os cinco venenos não precisam ser abandonados, nem precisam ser transformados. É um caminho de soltar, de deixar ir. Aqui, vê-los como defeituosos é um caminho errado. Deixá-los ser é o método, e vê-los como vazios é o caminho.

Na seção final, a base é a sabedoria primordial autoconhecedora. O lado consciente da Mente Natural e suas manifestações surgem como sons, luzes e raios sutis. A forma como são descritas é, portanto, um pouco diferente das estrofes anteriores. Perceber essas visões sutis como reais ou verdadeiramente existentes é a forma como somos enganados. Encará-las como supremas é o erro, o caminho errado. Estas visões podem até ser de Budas, mandalas ou terras puras. Nossos lamas nos aconselham, mesmo que isso aconteça, não pensemos que é ótimo. Não fique muito animado com isso; se você fizer isso, isso é um erro. Neste caso, o método é a certeza profunda — a certeza de que são manifestações do Estado Natural e não surgem de algo externo. Vê-las como aparências do Estado Natural e liberá-las é o caminho. Quer sejam aparências sutis ou grosseiras, perceba que elas são exatamente como as ondas do oceano — elas surgem da Mente Natural, nunca vão além dela e se dissolvem novamente nela; este é o caminho pelo qual elas são liberadas. A compreensão é que esses sons, luzes e raios sutis não existem inerentemente; carecem de natureza própria, são manifestações do Estado Natural. Ver essas aparências sutis surgirem como a energia do Estado Natural é o resultado. Isto não quer dizer que este seja o resultado final da prática; é um resultado que uma pessoa que está praticando experimenta.

Prego 16

Eu me prostro diante de Kuntuzangpo, a perfeição da não-permanência.

O espaço da base de tudo não cai em viés ou parcialidades.

A sabedoria primordial da consciência inata está além da expressão e da ação.

O intelecto reflexivo não tem base nem cessação.

Som, luz e raios são isentos de apego e raiva.

Não se aferre aos maculados como inferiores ou aos imaculados como superiores.

Não veja a pureza como uma qualidade positiva ou a impureza como uma falha.

Samsara e nirvana são inseparáveis e não podem ser divididos.

Budas e seres sencientes não são duais e são indistinguíveis.

Você não pode entrar nem progredir no caminho da consciência inata.

Na bodicita não existem veículos nem filosofias.

No estado de equanimidade não há bom nem mau, nem alto nem baixo.

Isto completa o prego da equanimidade transcendente.

Samaya!

No décimo sexto prego, o prego da igualdade, há prostração a Kuntuzangpo que não permanece naquilo que foi além. Dizer que Kuntuzangpo não permanece significa que Kuntuzangpo não permanece no samsara ou nirvana, porque a base de tudo, o Estado Natural, permeia todo o samsara e nirvana. Os ensinamentos gerais do Sutra falam em ir além do samsara ou sair do samsara. Nos ensinamentos Dzogchen, há ênfase em ir além do samsara e do nirvana. Portanto, nos prostramos diante de Kuntuzangpo Dharmakaya com a compreensão de que ele não reside nem no samsara nem no nirvana. Isto mostra principalmente que dentro da natureza última do Estado Natural não há diferença entre samsara e nirvana; eles são os mesmos.

O espaço da base de tudo não cai em viés ou parcialidades. A Mente Natural, a base de tudo, permeia todos os lugares sem parcialidade. Não está presente em alguns lugares e ausente em outros. Não está cortado, nem há extra. Em vez disso, todo o samsara e nirvana podem surgir dentro dele. É como o espaço; podem surgir nuvens brancas ou escuras. Todos os elementos terra, água, fogo e assim por diante — podem surgir no espaço. Permeia tudo.

A sabedoria primordial autoconhecedora não tem análise e é inexprimível. Nenhum tipo de pensamento pode afetá-la. Não muda nem melhora. Quer seja uma inferência válida ou não, nenhuma mente conceitual afeta a sabedoria transcendente primordial. Quer você use muitas palavras ou apenas algumas palavras, quer você use palavras muito eloquentes ou simples, quer seja um Buda falando ou um ser senciente normal falando, nenhuma palavra pode tocar ou explicar o que é.

Deixamos de pensar quando meditamos no Estado Natural? Não, pensamentos podem surgir. Eles podem surgir. Contudo, estes pensamentos não são encontráveis; quando os procuramos, eles carecem de qualquer fundamento. Quando você os identifica, eles não levam a nada além do

Estado Natural. O modo real de existência da mente não tem nada que a apoie; é infundada. Quer se trate das aparências sutis dos raios de luz e dos sons, ou das aparências mais grosseiras da forma, do som, das imagens, dos sabores, e assim por diante, quer sejam agradáveis ou desagradáveis, quer deem origem à atração ou à aversão — não importa o que aconteça, todas elas não têm autobase própria. Todas elas levam de volta àquela natureza última, a Mente Natural. Elas não podem ser encontradas. Elas são infundadas. Quer sejam boas ou más, são todas iguais na falta de qualquer autofundamento. Na natureza última, contaminada ou não contaminada pela ignorância, é tudo a mesma coisa. Nessa natureza última não há diferença entre pureza e impureza. Como a água limpa comparada à água suja; ambas são água. Quando você alcança a realização do Estado Natural, você realmente não encontra nenhuma diferença entre o samsara e o nirvana. Nessa natureza última, não há diferença entre Budas e seres sencientes; os seres despertos não são melhores e os seres sencientes não são piores.

Na Mente Natural, não há envolvimento com a lógica ou movimento ao longo de um caminho de lógica. Portanto, analisar com pensamento, lógica ou percepção válida não tem lugar no Estado Natural. Da mesma forma, passar pelos diferentes caminhos de acumulação, preparação, visão, meditação e nada mais de aprendizado — todos esses são caminhos designados pelo pensamento, criados pela mente conceitual. No estado último, não há como percorrer o caminho através do pensamento conceitual ou passar por estágios conceituais.

Na bodicita não existem princípios ou veículos. Aqui, *jang chub kyi sem (byang chub kyi sems)*, a mente da iluminação, bodicita, refere-se à Mente Natural, a maneira real como as coisas existem, a mente mais essencial; e assim se refere à bodicita última. Na bodicita última, não existem sistemas de princípios, porque os sistemas de princípios são filosofias concebidas por uma mente pensante e lógica que concebe ideias de como as coisas existem: isto é correto, isto é incorreto, e assim por diante. Dentro da natureza última da mente, não há lugar para isso. Os veículos também são concebidos por uma mente conceitual; nenhum deles existe dentro do Estado Natural. Eles permanecem em igualdade; eles são iguais. Não há compreensão melhor ou pior na Mente Natural. Há uma discussão sobre algo como um sistema de princípios neste ensinamento, mas, no próprio

Estado Natural, nada disso existe. Em termos filosóficos, como descrevemos e percebemos as coisas, e determinamos onde estamos no processo de realização, esses tipos de percepções não existem no Estado Natural. Em nossa vida diária os sentimentos agradáveis e desagradáveis que experimentamos também são a energia do Estado Natural se manifestando. Perceber isso funciona como um remédio para todo o sofrimento que surge.

Este prego mostra principalmente que, uma vez que estejamos firmemente resolvidos na compreensão da Mente Natural, todas essas variedades são iguais.

Prego 17

Eu me prostro diante de Kuntuzangpo, o corpo do rei último.

Os fenômenos mundanos dos quatro elementos se dissolvem no espaço do céu.

Os veículos, linhagens e portas de bon se dissolvem no espaço da natureza de bon.

A mente e os estados mentais se dissolvem no espaço da natureza da mente.

As variedades de atividades se dissolvem no espaço da quietude.

As variedades de fala se dissolvem no espaço do silêncio.

As nuvens de pensamentos e lembranças se dissolvem no espaço livre de pensamentos.

Som, luz e raios se dissolvem no espaço da consciência inata.

O Nirvana e o samsara se dissolvem completamente na bodicita.

Todos os caminhos fabricados pelo intelecto se dissolvem no espaço além do intelecto.

Filosofias e viés se dissolvem no espaço além da parcialidade.

As aparências não se dissolvem, param ou cessam.

A fonte original e a liberação última se misturam aqui —

Nem dissolvendo nem cessando, contínua nos três tempos.

Isto completa o prego de alcançar a dissolução última.

Samaya!

Em seguida temos a prostração a Kuntuzangpo, o Rei Último. Com a mente conceitual, podemos falar sobre coisas como verdades relativas e últimas. Neste contexto, podemos pensar na Mente Natural como a verdade última e nas manifestações que dela surgem como verdade convencional. Quando penetramos nas aparências das verdades convencionais, elas nos levam de volta ao Estado Natural. Aqui nos prostramos diante de Kuntuzangpo como rei do conhecimento de que as verdades convencionais levam de volta à verdade última. O exemplo dado no texto é que tudo o que surge no espaço, os elementos, as nuvens, a chuva — quando você os procura, não encontra nada além da própria esfera do espaço.

Este prego fala do esgotamento das coisas, de como as coisas terminam no estado último. Quaisquer que sejam as filosofias, os sistemas de princípios, os veículos usados para ver a prática dos ensinamentos, quando são seguidos ao máximo, eles desaparecem na Mente Natural. A mente e os fatores mentais também se esgotam na natureza essencial da mente. No entanto, enumeramos as consciências, seja como seis com cinco consciências sensoriais e uma consciência mental; ou oito com a adição da mente deludida e da mentebase-de-tudo, todas elas se esgotam na Mente Natural essencial, o Estado Natural.

Nós nos envolvemos em várias ações do corpo, da fala e da mente. Quer sejam de natureza positiva ou negativa, no estado último elas são exaustas. A natureza do estado último é uma esfera sem atividade. Da mesma forma, expressões, boas ou não, dhármicas ou não, quando você rastreia sua origem até o estado último, elas desaparecem. A Mente Natural é um estado livre e inexpressivo, sem palavras.

Os conceitos desaparecem no Estado Natural. Existem muitas variedades de pensamento conceitual. Por exemplo, alguém que esteve no Tibete tem percepções diretas dele. Mas se você nunca esteve no Tibete, tudo que você pode fazer é pensar sobre isso, ter algum tipo de imagem em sua mente. Estas são formas grosseiras de pensamento conceitual. Existem também tipos mais sutis de pensamento conceitual, como concepções de coisas como autoexistentes. Contudo, sejam quais forem os conceitos, quando se dissolvem no Estado Natural, é um estado livre de pensamentos, um estado onde os pensamentos não existem.

Todos os caminhos se esgotam no Estado Natural. Alguns textos falam de bons caminhos que levam ao nirvana e de maus caminhos que levam ao samsara. Como a Mente Natural é um estado além do pensamento conceitual, os caminhos que envolvem tal pensamento, seja bom ou mau, desaparecem no estado último.

Não há parcialidade no Estado Natural. Quando sistemas de princípios são discutidos ou debatidos, um praticante pode dizer: *"Meu guru diz isso, é assim que as coisas são, é assim que as coisas existem"*. Outro praticante, mantendo uma posição diferente, pode pensar *"eles caíram num extremo; eles tomaram a direção errada."* Esse tipo de partidarismo se esgota no Estado Natural. A Mente Natural é um estado que permeia tudo, imparcialmente. Antes que os praticantes percebam o Estado Natural, eles podem praticar qualquer sistema de princípios que desejarem, porque isso não faz nenhuma diferença; tudo surge e se dissolve no Estado Natural. Com esse tipo de compreensão do último, podemos realmente ser apartidários; o que chamamos *de rimé (ris med)* em tibetano.

Além disso, as aparências sutis de sons, luzes e raios se dissolvem no Estado Natural. Quando, através da prática thögel, visões sutis aparecem à medida que se atinge altos níveis de realização, elas então desaparecem. Desta forma, contamos com a dissolução dos signos no Estado Natural. Essas visões sutis que aparecem são sinais do Estado Natural e conduzem de volta ao Estado Natural onde desaparecem.

Todo o samsara e nirvana se esgotam na bodicita última, a Mente Natural. Todos os estados de samsara e nirvana tornam-se como a lua refletida na água; eles são exaustos no Estado Natural. A metáfora da lua refletida na água significa que eles estão conduzindo de volta ao Estado Natural, a essência da mente. Eles são exaustos.

O texto afirma que as aparências se dissolvem, mas não cessam. O ponto último do seu surgimento e o ponto último do seu cessar encontram-se no Estado Natural, a essência da mente; em geral, eles não chegam ao fim. Quer sejam aparências sutis de luzes, sons e raios, ou aparências mais grosseiras de imagens, sons e assim por diante, elas desaparecem no Estado Natural e também surgem dele. O meio ambiente e os seres vivos, suas mentes e fatores mentais não chegam ao fim, não há cessação deles. O estado último não está esgotado; existe ao longo dos três tempos, constantemente ao longo do passado, presente ou futuro.

É o mesmo para o macrocosmo ou para o microcosmo. O mundo externo se dissolve no Estado Natural e dele surge. Da mesma forma, quando estamos meditando, os pensamentos surgem do Estado Natural e se dissolvem nele.

Prego 18

Eu me prostro diante de Kuntuzangpo, protetor compassivo dos seres.

No final [desta vida], no momento em que corpo e mente se separam,

Na junção do conforto e da miséria,

Para a pessoa de inteligência superior,

A instrução quintessencial da sabedoria primordial autossurgida é ensinada.

A instrução da igualdade das várias [aparências] é conferida.

Sem dúvida você vê seu próprio rosto.

Para a pessoa de inteligência média,

A instrução quintessencial da autoaparência ilusória é ensinada.

Dada a instrução de nenhum desejo ou apego,

Sem dúvida a porta para o renascimento está fechada.

Para a pessoa de menor inteligência,

A instrução quintessencial do mestre e da deidade é ensinada.

Uma vez conferida a instrução de devoção sincera,

Sem dúvida se obtém um local de nascimento confortável.

Isto completa o prego de gerar bodicita no momento da morte.

Samaya!

Começa o texto do décimo oitavo prego, Homenagem a Kuntuzangpo que protege os seres migrantes com compaixão. O Estado Natural de Kuntuzangpo Dharmakaya dentro de nós tem o poder de proteger os seres vivos. Se reconhecermos a Mente Natural e a praticarmos, esta terá o poder de nos proteger no momento da morte, quando o nosso corpo e a nossa mente se separam. No decurso da nossa vida quotidiana, o Estado Natural de Kuntuzangpo tem o poder de nos proteger. À medida que descobrimos que as aparências não existem verdadeiramente, elas continuam a se dissolver em nossa mente. Até que ponto a Mente Natural nos protege depende da extensão da nossa compreensão e prática dela. Se praticarmos todos os dias e aumentarmos gradualmente a nossa experiência, ela terá cada vez mais o poder de nos proteger.

O décimo oitavo prego discute práticas e orientações que devem ser dadas a uma pessoa no momento da morte, dependendo do seu nível de faculdades: superior, médio ou inferior.

Uma pessoa com faculdades mais elevadas aprende a instrução sobre a sabedoria primordial autossurgida e a igualdade das aparências e, como resultado, ela verá seu próprio rosto, sua própria natureza verdadeira, sem dúvida. Estas são as instruções que você está lendo. As instruções sobre a Mente Natural e as aparências não são diferentes; na verdade, elas são inseparáveis. Se a pessoa for praticante, ela terá a chance de se beneficiar muito neste momento. A medida em que forem apresentados a esta orientação e tiverem consciência do Estado Natural fará uma grande diferença no que vem depois da morte, no bardo, o estado intermediário.

Para alguém com faculdades de nível médio que não teve uma experiência tremenda de meditação Dzogchen, mas também não é o menos experiente — as instruções dadas no momento da morte são: "Agora *você está morrendo. Tudo o que aparecer para você será ilusório.*" Desta forma serão dadas instruções que não apontam diretamente para o Estado Natural em si, mas próximo disso. As aparências que surgem são ilusórias, não consideradas verdadeiramente autoexistentes. Eles também recebem instruções para não se apegarem a nada: ao corpo que tanto valorizaram na vida, à sua residência, à sua propriedade, ao prazer das imagens e sons que experimentaram. Eles são instruídos a não desejar nenhuma dessas coisas.

No caso de uma pessoa com faculdades inferiores, que tenha tido alguma prática ou experiência, ela é instruída a lembrar-se de seu guru e das instruções que recebeu dele, a desenvolver convicção e devoção ao guru, e a orar e aspirar a realizar os ensinamentos do guru. Eles se lembram do guru de quem receberam ensinamentos ao longo da vida.

Há uma história sobre um mestre Bön chamado Ponse Chunggo Tsal no século XI. Ele teve uma visão do inferno enquanto estava vivo por causa de algum carma anterior. Ele ficou inconsciente por um tempo e viu fogos, caldeirões e outras coisas assustadoras. Ele teve visões de reinos infernais de existência. No início ele teve medo das visões, mas imediatamente lembrando-se das instruções que havia recebido de seu guru sobre o inferno ser uma manifestação do Estado Natural, ele se absorveu no Estado Natural e a visão do inferno desapareceu.

Depois de acordar, ele contou a experiência aos seus discípulos, ilustrando como a compreensão do Estado Natural pode protegê-los.

Quando essas instruções são dadas a uma pessoa que está morrendo, isso pode beneficiá-la das seguintes maneiras. Dependendo da extensão da prática, pode, na melhor das hipóteses, ser o despertar total ou a iluminação; num nível médio, pode trazer renascimento com status elevado; pelo menos, pode garantir o precioso renascimento humano. Isto conclui o prego chamado *'bodicita no momento da morte'*.

Prego 19

Eu me prostro diante de Kuntuzangpo, o Buda completo e autoliberado.

Quanto à instrução relativa ao momento da delusão e da liberação:

Os elementos externos desmoronam [e se dissolvem] em seu próprio lugar.

Os elementos internos estão inativos.

As concepções de sujeito e objeto são absorvidas na vastidão.

Nesse momento, a consciência inata permanece nua.

A sabedoria primordial auto-originada é descoberta.

Alguns afortunados que possuem profunda certeza

Quebram os três selos e então completam as três energias dinâmicas.

Se você não está liberado por isso,

Surge então o primeiro bardo.

As luzes [formam] um reino puro sem fronteiras.

Elas surgem como um arco-íris no céu.

O som é insubstancial e ruge na vastidão.

É incessante e auto-originado como o som de um dragão.

Os raios exibem uma ilusão mágica imprevisível.

Eles se abrem como brocado de seda.

Para a pessoa que está acostumada e familiarizada,

Corpos e mandalas surgem em sua completude.

Nesse momento, através das lembranças e clarividências,

As três aparências surgem como anfitriãs.

Acompanhado por sua própria familiaridade,

Seu fluxo mental de consciência inata chega à base.

Você vê as aparências como seu próprio rosto

É como ver seu rosto refletido em um espelho.

Sua autoconsciência inata se encontra

Como reconhecer um príncipe.

A ignorância deludida naturalmente clareia

Como o sol brilhando em um lugar escuro.

O rei da consciência inata chega ao seu próprio lugar

Como um príncipe assumindo seu trono.

Som, luz e raios são purificados na mente

Como os raios do sol são coletados no sol.

O impuro é liberado na vastidão do puro

Como o gelo derretendo no oceano.

As contaminações são pacificadas no estado incontaminado

Como o sal se dissolvendo na água.

Carma e aflições mentais são liberados na base

Como massas de nuvens se dispersando no céu.

Os três reinos do samsara são abalados em suas profundezas

Como um rio que secou na nascente.

Nirvana e samsara são purificados na base não-dual

Como arco-íris desaparecendo no céu.

Os três corpos surgem espontaneamente

Como os raios do sol ou da lua [refletidos] na água.

Para pessoas com pouca familiaridade,

O rei da consciência inata está adormecido.

Permanecendo [na base de tudo] de um a três [dias],

As [luzes] puras surgem gradualmente em sete [dias].

[Se] o reino puro não aparecer completamente,

[Mesmo assim] através das condições causais [corretas] você [ainda pode ser] liberado no bardo.

Se você não estiver liberado, surgirão aparências grosseiras.

No bardo da existência você vê aparências puras,

E se você nascer repetidamente em boas circunstâncias, poderá ser liberado rapidamente.

Aquelas pessoas sem a porta da instrução

Não reconhecem o Estado Natural mesmo que seja claro.

Vendo as aparências como externas e verdadeiras,

Elas entram na armadilha da delusão e vagam pelo samsara.

Portanto, os afortunados alcançam uma certeza profunda.

Isto completa o prego do tempo do bardo.

Samaya!

O próximo prego se aprofunda mais sobre o estado intermediário, o *bardo (bar do)*, e os meios de obter a liberação no estado intermediário.

Eu me prostro diante de Kuntuzangpo, Buda autoliberado e totalmente iluminado. Assim como falamos que o Estado Natural é autossurgido, ele também é autoliberado. Quando meditamos, estamos meditando no Estado Natural de autoliberação. Como as aparências surgem do Estado Natural, permanecem no Estado Natural e se dissolvem novamente no Estado Natural, dizemos que elas são autoliberadas. Não há pensamento, lógica ou processo de pensamento envolvido. Não há percepções ou inferências válidas que devam ser desenvolvidas. Portanto, diz-se que é autoliberado. Em outras escrituras, é explicado que se, por exemplo, surgir raiva ou ódio, então você precisa desenvolver outra coisa para colocar em seu lugar como remédio: paciência ou amor. Aqui não é assim. A raiva, por ser apenas vista e permitida a sua dissolução de volta ao Estado Natural, não requer outro remédio, ela é autoliberada. A principal razão pela qual a raiva e outras aflições mentais são autoliberadas é que elas não têm fundamento, são sem base. O termo *"totalmente iluminado"* também é usado para descrever o Estado Natural.

Quanto às instruções relativas ao momento da delusão e da liberação:

Os elementos externos desmoronam [e se dissolvem] em seu próprio lugar.

Os elementos internos estão inativos.

As concepções de sujeito e objeto são absorvidas na vastidão.

Os elementos externos e internos deixam de funcionar, o corpo cai e deixa de obscurecer a Mente Natural. No momento da morte, quando os elementos se dissolvem e o Estado Natural brilha desnudamente, os obscurecimentos desaparecem e a pessoa pode atingir a iluminação naquele exato momento. Dizemos que o próprio estado último é totalmente iluminado, mas se uma pessoa não percebeu isso, ela não está totalmente iluminada. Neste ponto, quando os obscurecimentos dos elementos se desintegram, uma pessoa no mais alto nível de prática pode obter o despertar completo, a budeidade. Se a sua prática não se desenvolveu suficientemente e eles não alcançaram a iluminação, então a experiência do bardo surge. Visões de luzes, raios e sons aparecerão. Há uma luz radiante muito forte que aparece — uma aparência de um reino de existência muito luminoso

— como arco-íris surgindo no céu com luz brilhante. Então surgirão sons — sons muito altos, como trovões no céu. Raios de vários tipos aparecerão em todos os tipos de formas — raios de luz quadrados, ovais, redondos e multicoloridos, como tecidos coloridos e brilhantes.

Para uma pessoa que esteve profundamente imersa na prática, esses raios aparecerão como seres iluminados, reinos búdicos, seres e mandalas despertos, terras puras e assim por diante. É muito importante neste momento lembrar as instruções que você recebeu do seu professor. Se você consegue se lembrar das instruções, então lembre-se de como todas essas aparências existem dentro do Estado Natural.

Em outras escrituras, falamos sobre a compreensão das aparências como reflexos num espelho. Quando você tem experiências da Mente Natural, você percebe que elas são como reflexos em um espelho e o que você vê se origina de você mesmo. Está surgindo de você mesmo e você também pode vê-la. É como um príncipe que escapou do palácio e se disfarça de pessoa comum. As pessoas olham e não percebem a princípio, mas acabam percebendo que é o príncipe. As aparências são reconhecidas como emanadas do Estado Natural. A ignorância desapareceu, como o sol nascendo no céu para dissipar a escuridão. Desta forma, as aparências são entendidas como manifestações da Mente Natural. As visões sutis de luz, raios e sons são entendidas como sendo a natureza do Estado Natural, assim como os raios do sol são entendidos como vindos do sol. Todos os fenômenos impuros se dissolvem no Estado Natural. As aparências são como gelo na água; quando há um ambiente mais quente, o gelo derrete novamente na água e não pode mais ser diferenciado da água. Assim, as aparências se dissolvem novamente no Estado Natural.

Todos os fenômenos contaminados e não contaminados são como o sal; quando colocado na água se dissolve e não pode mais ser encontrado ou diferenciado. Não importa o quanto estejamos envolvidos com delusões e carma, tudo se dissolve no Estado Natural. Não importa quão densas as nuvens reunidas estejam, elas eventualmente se dissipam e desaparecem. Os três reinos da existência samsárica — desejo, forma e reinos sem forma, todos evaporam e desaparecem, como um rio que foi cortado na nascente e deixa de fluir. Samsara e nirvana são considerados iguais quando se dissolvem como arco-íris desaparecendo no céu. O estado último tem esta qualidade realizada espontaneamente.

Lembre-se de que todas as qualidades de realização são realizadas espontaneamente na Mente Natural. Mandalas dos três corpos de Buda surgirão naturalmente dentro dele, como os raios vindos do sol ou da lua refletidos na água. Aqueles com um nível médio de realização terão esse tipo de experiência.

Se uma pessoa tiver faculdades inferiores e não tiver reconhecido o Estado Natural, este permanecerá adormecido dentro dela; haverá um número indeterminado de dias em que permanecerão no estado intermediário. Durante um período de cerca de sete semanas, a pessoa no estado intermediário continuará a ter vários tipos de visões e aparências. Haverá aparições de Budas e mandalas, mas não de forma completa; eles serão parciais. Mas, novamente, se a pessoa for capaz de lembrar, a qualquer momento, as instruções que recebeu, então ainda existe a possibilidade de que ela possa ser liberada para o Estado Natural. Se não alcançarem a liberação nesse momento, entrarão no *Si pe bardo (Srid p'i bardo)* da existência, outra vida. Mesmo nesse ponto, se conseguirem recordar as instruções que receberam, poderão ser capazes de ter um renascimento humano afortunado.

Se alguém não reconheceu o Estado Natural, não o praticou, ou recebeu instruções, mas não as aplicou na prática, continuará a compreender as aparências que surgem como verdadeiramente existentes, como vindas de fora de si, e continuará a ser enganado. Seria como as pessoas do exemplo que não reconheceram o príncipe e apenas pensaram que ele era uma pessoa comum. Elas não reconhecerão que suas visões ou aparências vêm do rei, a Mente Natural. Independentemente de alguém ter praticado e percebido isso ou não, o Estado Natural aparecerá para elas, mas elas não serão capazes de reconhecê-lo e renascerão no processo que é amplamente descrito nos *12 Elos de Origem Interdependente.*

Este prego conclui dizendo que os afortunados devem alcançar uma certeza profunda. O que estamos enfatizando aqui é que o tempo de transição no estado intermediário é de profunda importância e fará a diferença entre alcançar a liberação e o despertar ou continuar a vagar no sofrimento delusório. Entendendo que este é o ponto crítico, quem recebeu estas instruções deverá, com profunda certeza, colocá-las em prática. A prática que fazemos durante a nossa vida é a mesma que faremos no momento da transição. Isto completa o prego do bardo.

Prego 20

Eu me prostro diante de Kuntuzangpo, dissipador da escuridão dos equívocos.

Se esta instrução do último ponto vital

É ensinado àqueles que não conseguem lidar com isso,

Como aqueles que não têm ventura ou ligações cármicas,

Alguns considerarão essas [aparências de som, luz e raios] como um si [eterno]

E desviarão à posição herética do eternalismo.

Alguns dirão "Não há aparências",

E desviarão à posição do niilismo.

Alguns se apegarão a isso como supremo

E desviarão ao eternalismo de [deuses] de vida longa.

Alguns considerarão isso com uma mente arrogante

E serão agrilhoados às correntes do seu próprio conhecimento egoísta.

Alguns considerarão isso como algo substancial

E estarão presos ao samsara através do seu apego à substancialidade.

Alguns terão medo e apreensão em relação a isso.

Estes menos inteligentes irão para os veículos inferiores.

Alguns vão menosprezar isso

E atrasarão o cumprimento do benefício por éons.

Alguns acharão que esta instrução é apenas uma atividade maluca

E cairão em nascimentos inferiores através desta degeneração de samaya.

Dessa forma, é um penhasco íngreme.

Portanto, esta instrução sagrada quintessencial

Deveria estar escondida como um tesouro na mente, a base de tudo.

Não espalhe; sele-o com segredo.

Isto completa o prego de dissipar os equívocos extremos.

Samaya!

Continuando com as instruções, prostro-me diante de Kuntuzangpo, dissipador das trevas dos equívocos. Quando somos apresentados ao Estado Natural, praticamos e desenvolvemos experiência dele, ele elimina ideias equivocadas. Prostramo-nos diante de Kuntuzangpo com a compreensão de que, ao nos absorvermos no Estado Natural, isso eliminará todos os nossos equívocos. Com efeito, isto quer dizer que precisamos de ter uma compreensão correta da absorção no Estado Natural, a fim de eliminar ideias erradas sobre o mesmo. O Estado Natural está livre de extremos equivocados. Quer os extremos sejam classificados em 8, 4 ou 2 categorias, a compreensão da natureza última dissipa todos eles. Alguns desses extremos são extremos do niilismo, da permanência, da existência, da inexistência, das aparências e do vazio. É difícil compreender aquilo que está livre de todos esses extremos. É melhor, portanto, manter este ensinamento um tanto secreto e confidencial.

Aparências que estão ligadas ao pensamento e aos conceitos surgem para nós e tendemos a segui-las. Quando nos apegamos às aparências e as perseguimos, isso obstrui a nossa compreensão da Mente Natural. Portanto, se este ensinamento for dado a alguém que não está maduro para isso, ele não poderá realmente compreendê-lo. É semelhante à história de quando Buda alcançou a iluminação e descobriu um dharma que era como o néctar — a mente de luz clara do Estado Natural. A princípio ele sentiu que era tão profundo e sutil que seria difícil para qualquer um entender e que ele deveria guardar isso para si e meditar na selva. Ele permaneceu lá por sete semanas, até que Indra e Brahma o visitaram, ofereceram-lhe a concha e a roda dourada do dharma e solicitaram ensinamentos. O período em que Buda manteve isso em segredo é semelhante a este; foi tão profundo que ele pensou que poderia haver o perigo de as pessoas entenderem mal.

Um dos perigos quando essas instruções são dadas a alguém é que ele comete o erro de dar ao Estado Natural um suposto modo de existência verdadeiro. Isto é um grande problema porque, quando alguém compreende a natureza última como sendo verdadeiramente existente, isto é exatamente o oposto da realidade, que é a sua origem interdependente. Compreender o Estado Natural é a base para compreender a origem interdependente.

Outros cometem o erro de pensar que nenhuma dessas aparências realmente existe, que Budas, mandalas e quaisquer outras aparências que surjam são completamente inexistentes, caindo assim numa visão completamente niilista, um extremo do niilismo. Isto nega a qualidade espontaneamente realizada na qual todas as coisas podem surgir e surgem. Eles não entendem que existe tanto uma qualidade vazia quanto uma natureza consciente na Mente Natural.

Alguns podem considerar o Estado Natural absolutamente supremo e concretizá-lo, semelhante a um deus criador, pensando que o mundo inteiro é criado a partir dele. Eles externalizam isso e não percebem que está dentro deles. Esse mal-entendido pode causar o renascimento em um dos reinos divinos, preso no samsara. Algumas pessoas, ao ouvirem estes ensinamentos, podem desenvolver orgulho no conhecimento deles sem realmente aplicá-los na prática. Outro erro que pode ser cometido é conceber a prática, as aparências e assim por diante, como verdadeiramente existentes. Este apego à realidade causará ainda mais perambulações no sofrimento da existência cíclica.

Alguns outros, quando recebem essas instruções, ficam aterrorizados com elas. Eles ficam assustados e confusos com a explicação de que o samsara e o nirvana são iguais e tendem a voltar aos veículos inferiores; isto é, ensinamentos nos quais é feita uma distinção entre samsara e nirvana, e o samsara deve ser abandonado.

Na prática dos ensinamentos tântricos gerais, como o ioga da deidade, por exemplo, grande esforço é feito para atualizar a natureza da deidade através do crescimento da realização e da recitação de mantras. Na prática Dzogchen tal esforço não é aplicado. Isso seria o resultado de não ter plena convicção nos ensinamentos Dzogchen, de não acreditar realmente que as deidades e mandalas surgem espontaneamente dentro do Estado Natural e de acreditar que é preciso trabalhar nisso para realizar a deidade.

Quando o Dzogchen lhes é apresentado, alguns sentem que é uma negação de coisas que existem validamente. Eles acham que isso é uma calúnia ou uma blasfêmia em relação às coisas que existem, que é uma negação dos ensinamentos budistas. Se eles desprezarem esses ensinamentos, levará muito tempo antes que eles os encontrem novamente.

Algumas pessoas dão essas instruções incorretamente, rompendo assim o vínculo com os ensinamentos e o guru. Isto pode resultar em renascimento em reinos de existência piores, infernos e assim por diante. É por isso que este ensinamento deve ser mantido confidencial; poderia representar um grande perigo para pessoas que o interpretariam mal. Tudo o que você entendeu deve ser mantido em sua mente, e não exposto.

Este prego tem como objetivo principal dissipar extremos e equívocos sobre o Estado Natural e estas instruções devido ao perigo de as pessoas não compreenderem, entenderem mal ou compreenderem parcialmente e cometerem erros.

O Ioga de Guru é considerado o mais importante para ajudar no desenvolvimento da compreensão correta. Aqui, o Ioga de Guru concentra-se no aspecto Kuntuzangpo. A fonte definitiva desses ensinamentos é Kuntuzangpo. Inseparáveis de Kuntuzangpo, os ensinamentos se espalharam pelas formas Sambhogakaya e Nirmanakaya, e pelos destinatários humanos, mestres da linhagem. Quando reconhecemos e descansamos na Mente Natural isto é, de fato, Ioga de Guru. Fazemos muitas prostrações ao Guru Kuntuzangpo; quando percebemos que é a essência da nossa própria natureza, isso nos une ao Ioga de Guru.

O Estado Natural é difícil de compreender e é por isso que existem múltiplas abordagens nos nove veículos diferentes.

Todos eles estão se aproximando do significado último, chegando cada vez mais perto da compreensão da Mente Natural, mas não chegando lá. Como cegos tentando descrever um elefante, um deles agarra o rabo e diz que o elefante é como uma cobra; outro pode tocar a orelha do elefante e dizer que o elefante se parece mais com a folha de uma árvore, e assim por diante. Todos estão obtendo algum entendimento, mas não está completo. Todos os veículos são destinados a abordar a compreensão do Estado Natural. Não é fácil de entender. Tudo depende de quão aguçadas são as faculdades de uma pessoa. Ou você pode dizer que depende de quanta energia positiva ou mérito uma pessoa acumulou.

Às vezes, quando as pessoas ouvem estes ensinamentos pela primeira vez, não os compreendem, mas ao aplicá-los e colocá-los em prática, gradualmente desenvolvem uma compreensão. Eles podem se tornar pessoas com faculdades mais aguçadas e com mais sabedoria. É por isso que, nas tradições Nyingma e Bön, existem nove veículos explicados. Esses são níveis de filosofia que ajudam a refinar os fatores mais grosseiros e depois a tornar-se mais sutis e profundos à medida que ascendem. A compreensão desses níveis inferiores de filosofia serve de base para a compreensão dos níveis superiores.

Dawa Drakpa, discípulo de Shardza Rinpoche que alcançou o corpo do arco-íris, disse que a compreensão de Madhyamaka, os ensinamentos do Caminho do Meio, ajudou na sua compreensão do Dzogchen. Eram os ensinamentos do Caminho do Meio sobre as aparências da mente não serem verdadeiramente existentes, não terem sua própria existência separada e independente. Quando percebida como tendo tal existência, quando uma aparência parece atraente, ela é superenfatizada e recebe atenção inadequada. Isso promove a sensação de que existe um objeto ali, algo ao qual se agarrar. No apego, não há a menor consciência de como o objeto atrativo surgiu de causas e condições e depende de suas partes e aspectos; apenas parece estar ali, distinto, existindo por si só.

Os ensinamentos Madhyamaka analisam os objetos da mente, revelando como sua aparência como existindo independentemente é equivocada. Acreditarmos na verdade dessa aparência também é errado. A principal razão apresentada é porque os objetos são interdependentes, ou seja, dependentes de outros fatores. No Dzogchen, não se dá atenção ao vazio da existência inerente dos objetos; em vez disso, todos são vistos como o surgimento da energia da mente vazia. Nos ensinamentos Dzogchen, a compreensão única do Estado Natural e da sua vaziez se estende e permeia o vazio de todos os fenômenos. É bastante conveniente porque tudo o que você precisa focar é na Mente Natural, e não no vazio da existência inerente de todos os vários objetos.

Dzogchen é um caminho de soltar. Percebemos que todos os fenômenos são manifestações do Estado Natural. A nossa compreensão estende-se a todos os outros fenômenos porque vemos que todos eles surgiram do Estado Natural como ondas do oceano, subindo e dissolvendo-se. Desta forma, não é necessário compreender o vazio de muitos objetos diferentes. Simplesmente compreenda o vazio da Mente Natural. Diz-se que tudo é compreendido dentro de uma única esfera. É por não termos a compreensão desse vazio da Mente Natural que existem outros modos de apresentação nos ensinamentos budistas. As muitas escrituras diferentes escritas por grandes mestres esclarecendo vários sistemas de princípios foram todas o resultado de suas diferentes abordagens, de suas tentativas de compreender a natureza última e explicá-la aos outros. Por exemplo, das três voltas do Dharma que o Buda ensinou, existem até diferenças de opinião sobre se os ensinamentos últimos e definitivos do Buda foram dados na segunda ou na terceira volta dos seus ensinamentos.

Tudo se resume a diferentes formas de apresentar a natureza última e da perspectiva Dzogchen da Mente Natural. Lembre-se do Dharmakaya do tamanho de um polegar. Pertence à esfera única de tudo em um — vazio, consciência, sabedoria e meios hábeis — todos estão incluídos nesta esfera única.

Prego 21

Eu me prostro diante de Kuntuzangpo que manifesta os três corpos.

Através de uma profunda certeza no significado último,
Esses resultados surgirão sem dúvida.

Através de uma profunda certeza na base de tudo,
o nirvana e o samsara são eliminados.

Através de uma profunda certeza na consciência inata,
os obscurecimentos delusórios [são percebidos como sendo]
primordialmente puros.

Através de uma profunda certeza sobre [o Estado Natural do]
intelecto, surge a energia dinâmica da sabedoria primordial.

Através de uma certeza profunda sobre a base da delusão,
a consciência inata é irreversível.

Através da dissolução das aflições mentais, a corrente do
samsara é cortada.

Através da dissolução dos caminhos, o estado de grande gozo é
alcançado.

Através da dissolução da filosofia, não há viés em relação às suas próprias posições e às dos outros.

Através da dissolução dos elementos, não há diminuição do céu.

Através da dissolução dos atributos, não há mudança no espaço.

Através da dissolução dos seres sencientes, não há nascimento e morte na mente.

Através da dissolução das três portas, as três energias dinâmicas se completam no corpo.

Através da dissolução das três aparências surgem os três aspectos da mandala.

Como os dois espaços surgem em você, o gozo permanece na natureza de bon.

Porque as duas luzes surgem em você, o gozo não diminui.

Por surgir como um corpo incessante e imutável, você está separado do inimigo do desconforto.

Porque os seis olhos surgem em você, nada o obscurece.

Como os três corpos surgem em você, você não tem esperança nem medo do resultado.

Porque a porta para o tesouro da mente está aberta, tudo que você precisa está completo dentro de você.

Isto completa o prego de manifestar o resultado.

Samaya!

Eu me prostro diante de Kuntuzangpo que manifesta os três corpos. Este é o prego de Kuntuzangpo que se manifesta. Tendo reconhecido o Estado Natural e o praticado, a nossa compreensão irá desenvolver-se e crescer. No próprio Estado Natural, porém, não há crescimento. Os três corpos resultantes do Buda já estão presentes nele. Com esse reconhecimento, prostramo-nos diante de Kuntuzangpo.

Este prego tem a ver com os tipos de resultados que surgirão se tivermos experiência da Mente Natural e desenvolvermos uma certeza profunda nesta prática. Uma vez que desenvolvemos esta certeza profunda, toda esperança pelo nirvana e medo do samsara são eliminados. Todo engano, delusão e obscurecimento são purificados. À medida que surgem as aparências, em vez de vê-las como verdadeiramente existentes, nós as vemos como se fossem desenhos no espaço. Elas são vazias, portanto não podem mais obscurecer a compreensão do Estado Natural. Não somos mais enganados por elas. Quando deixamos de perseguir as aparências e o pensamento conceitual, não somos obscurecidos por elas. Isso permite que a sabedoria autoconhecedora brilhe. Nesse ponto, nunca abandonamos a consciência do Estado Natural. Nunca nos afastamos dele ou nos separamos dele.

Todos nós desenvolvemos delusões de apego e aversão e eles podem tornar-se muito densos. Mas quando as delusões são liberadas no Estado Natural, o rio do samsara seca. À medida que completamos o caminho, seja o caminho apresentado no sutra, nos tantras gerais ou no Dzogchen, alcançamos um estado de grande gozo. À medida que as filosofias e os sistemas de princípios são esgotados e soltos na realização do Estado Natural, todos os tipos de preconceitos e viés desaparecem. Não consideramos mais nenhuma filosofia, tradição do dharma ou caminho espiritual melhor do que outros.

Através da dissolução dos elementos, não há diminuição do céu. Tal como entendemos o Estado Natural, ele não muda. Nuvens e arco-íris aparecem no céu; eles eventualmente se dissolvem, mas o céu permanece. Quando uma aparência se dissolve no Estado Natural, ela não desaparece; permanece eternamente.

Através da dissolução dos atributos, não há mudança no espaço. Com o esgotamento dos signos e atributos, dos conceitos sobre eles e das palavras que os descrevem, a esfera do espaço não muda.

Na dissolução dos seres sencientes, não há nascimento e morte na Mente. No contexto desses ensinamentos Dzogchen, um ser senciente fica preso no samsara por não compreender a Mente Natural e, em vez disso, objetiva e persegue as aparências que surgem. Um Buda é alguém que realiza a Mente Natural, que não persegue as aparências, mas, na verdade, ganha o controle das aparências ao compreender sua fonte. Quando isso acontece, é o fim de ser um ser senciente; eles nunca mais nascerão através da força das delusões e do carma. Não há mais nascimento e morte para eles como seres sencientes. Ao dizer que um ser não nasce mais, isso não significa que ele deixe de existir. Quando eles realizam o Estado Natural, surge naturalmente uma realização espontânea dos Budas e mandalas. Eles surgirão como a lua refletida em um corpo de água. Não é o fim da existência; é apenas o fim do nascimento e da morte através da força do carma e da delusão.

Através da dissolução das três portas, as três energias dinâmicas se completam no corpo. Normalmente, quando agimos com o corpo, a fala ou a mente, isso envolve esforço.

Quando ações esforçadas do corpo, da fala e da mente se dissolvem no Estado Natural, os três corpos dinâmicos dos Budas surgem naturalmente, de forma espontânea e sem esforço. Ser sem esforço é uma ideia importante no Dzogchen. Do ponto de vista Dzogchen, o esforço envolvido na recitação de centenas de milhares de mantras de uma deidade vem de não acreditar realmente no Dzogchen ou não acreditar que as coisas podem ser realizadas espontaneamente apenas através da compreensão da essência da mente, o Estado Natural. Portanto, a meditação Dzogchen deve ser realizada sem esforço. Criar uma meditação que não envolva esforço leva naturalmente ao estado resultante em que as atividades do corpo, da fala e da mente no estado desperto são sem esforço.

Através da dissolução das três aparências, surgem os três aspectos da mandala. Quando a liberação das aparências sutis, dos sons, raios e luzes, atingir sua plenitude, os três corpos dos Budas, mandalas e deidades brilharão.

Os dois modos de espaço são a sabedoria transcendente autossurgida e autoconhecedora, o fator vazio e o fator consciência. Como os dois espaços surgem em você, o gozo permanece na natureza de bon. Quando esses dois aspectos aparecem, percebe a natureza última e permanece em gozo. Vai além do sofrimento e percebe um estado de gozo.

Como as duas luzes surgem em você, o gozo não diminui. Novamente, as duas luzes referem-se à luz do vazio da Mente Natural e à luz das aparências que surgem como energia do Estado Natural. Quando essas duas luzes surgem em você, você não cessa e você experimenta gozo.

Por surgir como um corpo incessante e imutável, você está separado do inimigo do desconforto. Quando o corpo *Yungdrung (gyung drung)* aparece, você fica livre de inimigos desagradáveis. *Yungdrung*, a palavra tibetana para a *suástica sânscrita*, é um símbolo que representa permanência e indestrutibilidade ou ser invencível. Quando se manifesta dentro de você, não há força destrutiva que possa afetá-lo. Você é invencível, livre de forças opostas.

Porque os seis olhos surgem em você, nada o obscurece. Esses seis olhos não são os órgãos normais dos olhos, mas visões presentes no estado iluminado: olhos da sabedoria, olhos da verdade última (*o olho Bon*), *olhos* carnais (de visão remota) e assim por diante — seis tipos de olhos clarividentes que estão presentes no Estado Natural. Estas são realizadas quando você percebe a essência da sua mente no Estado Natural. Eles não podem ser obscurecidos por nada. Tudo é manifesto e visível.

Como os três corpos surgem em você, você não tem esperança nem medo do resultado. Quando você manifesta os três corpos de Buda, não há mais desejo de iluminação ou medo de renascer no samsara.

Porque a porta para o tesouro da mente está aberta, tudo que você precisa está completo dentro de você. Existem dois significados gerais da sílaba *Dzog* em Dzogchen. Uma é que tudo está acabado, mas aqui significa que tudo está perfeito e completo. Todas as qualidades e facetas da iluminação são aperfeiçoadas e completas.

Epílogo

Esta é a essência mais secreta dos tantras, das escrituras e das instruções quintessenciais —

O caminho último.

O pináculo de todos os veículos,

Esta linhagem de transmissão de boca a ouvido dos siddhas,

É o siddhi dos afortunados.

Isto completa os pregos dos vinte e um pontos vitais.

Isto se espalhou desde os primeiros mahasiddhas sucessivamente através da linhagem.

Sarva mangalam!

Esta seção do ensinamento diz que precisamos desenvolver a prática da meditação dentro de nós próprios. Tendo recebido este ensinamento, é muito importante que nos engajemos na prática da Mente Natural e desenvolvamos nós próprios a experiência, através da nossa própria meditação. Esse é todo o propósito deste ensinamento.

Como meditar

Instruções de meditação:

1) Sente-se com a coluna reta e o pescoço ligeiramente inclinado para a frente. Seus olhos não estão bem abertos ou fechados, mas ligeiramente abertos e direcionados para o chão à sua frente. Respirando naturalmente. Não mantenha a boca bem fechada ou aberta; toque a ponta da língua no palato superior, atrás dos dentes da frente, para não babar. Sinta que você não está segurando nem sua mente nem seu corpo com muita força; deixe ambos em um estado relaxado.

2) Lembre-se dos pontos de postura: coluna reta, nem muito frouxa no corpo, nem muito tensa. Relaxe sua mente, sem pensar em nada do passado ou do futuro. Descanse na Mente Natural, mas não seja muito intenso, pensando "Vou meditar agora". Lembre-se de que não há nada para corrigir no Estado Natural. Sustente essa experiência de estar na Mente Natural. Se surgirem pensamentos discursivos, não tente impedi-los e

não os siga. Se você perder a consciência no Estado Natural, traga-a de volta.

3) Estabeleça-se no Estado Natural sem esforço ou luta. Permita que a consciência permaneça como está enquanto os pensamentos surgem e não os segure com força. Permaneça na quietude. Se você se distrai com os pensamentos que surgem, volte para a quietude do Estado Natural. Não veja nenhum pensamento que surja na mente como um problema. Lembre-se das instruções do ensinamento: deixá-los ser é a base, vê-los como defeituosos é um erro, permitir que sejam liberados como são é o método, não segui-los é o caminho.

4) Como é através da meditação que reconhecemos essa autoconsciência inata, usando esses métodos, experimente meditar agora por um breve período. Não siga os pensamentos; por outro lado, também não tente impedi-los. Se surgirem pensamentos, apenas deixe-os ser; deixe-os ir e dessa forma você poderá reconhecer o Estado Natural. Quaisquer que sejam as situações que você experimentou no passado, esqueça-as; apenas deixe-as ser. Não se ocupe com planos para o futuro. Quanto ao presente momento de consciência, não fabrique nada; não o polua com nada,

apenas descanse nele. É através da não alteração do estado atual de consciência e da meditação dentro dele que você pode reconhecer a sabedoria inata autoconhecedora do Estado Natural. As escrituras falam de um céu sem nuvens. Naturalmente permaneça nesse estado. Se surgirem pensamentos, não pense que isso é ruim e tente impedi-los — esse não é o método desta meditação. Se pudéssemos falar de algum esforço, seria ver quaisquer pensamentos ou visões que surjam como ondas no oceano. Eles surgem do oceano, permanecem e se acomodam e se dissolvem no oceano, sendo o oceano um exemplo do Estado Natural — todos os pensamentos e visões se dissolvem novamente nele. Se surgir um pensamento ou visão muito forte com o qual você se envolve, evite desenvolver conceitos sobre ele. Às vezes pode surgir agitação ou sua consciência pode diminuir ou você ficar sonolento. Apenas observe, esteja ciente de que aconteceu, esteja alerta. Mantenha a consciência o melhor que puder.

Perguntas e respostas

O que está sendo ensinado aqui é, na verdade, algo bastante sutil e difícil de compreender. Isso leva algum tempo. Para compreender este ponto tão profundo e sutil, Buda deu 84.000 ensinamentos. Esses ensinamentos destinam-se a guiar-nos cada vez mais para esta compreensão profunda, esta meditação profunda. O Dzogchen apresenta este ponto profundo e sutil de uma maneira muito direta. Como este ponto final está sendo revelado diretamente, não há utilidade para explicações dos cinco caminhos e dez estágios — não há discussão sobre isso, uma vez que o resultado final está sendo revelado diretamente. Essa natureza básica, a Mente Natural, da qual surgem todas as diversas qualidades e realizações, é o que está sendo mostrado diretamente aqui. Estas instruções abordam como procederemos para manifestá-lo.

P. *Você mencionou a prática chamada thögel, o que é isso? Qual é essa técnica?*

R. Existem dois tipos de práticas, *trechöd* (corte) e *thögel* (travessia direta). Diz-se que Thögel é para o praticante realmente diligente. A razão para isso é que a prática do Thögel requer muito esforço para que as visões sutis surjam. Há muitas etapas no Thögel e, eventualmente, chegará um momento em que essas visões não surgirão mais. Isso porque com a sua obtenção o praticante atinge o corpo de arco-íris. Eles percebem que o seu corpo é apenas uma manifestação do Estado Natural; seu corpo na verdade fica cada vez menor e depois desaparece. Quando você atinge níveis elevados de thögel, as visões sutis de luzes, raios e sons desaparecem e o corpo desaparece. Shardza Rinpoche foi quem manifestou essa realização em 1935. Seu corpo encolheu até o tamanho de um côvado, o comprimento de um antebraço. Seu aluno chamado Dawa Dragpa desapareceu completamente. Muitos lamas manifestaram esta compreensão. Houve vinte e quatro mestres desde o início da linhagem desta transmissão oral de Zhang Zhung de Bön que realizaram o corpo do arco-íris. A obtenção vem principalmente através do thögel.

P. *Este é um objetivo pessoal? Deve demorar muito.*

R. Sim. Nem sempre leva muito tempo. A meditação de vários praticantes pode ser diferente. Pode ser que, ao entrar nesta prática, você desenvolva a realização rapidamente. Definitivamente, não é necessário levar anos examinando as escrituras.

P. *Existe uma causa para o surgimento, permanência e dissolução no Estado Natural?*

R. É uma questão de engano que envolve a percepção dualística de sujeito e objeto. As coisas que nos aparecem agora são fenômenos convencionais que, em tibetano, *kun zop (kun rdzob)*, significa completamente obscurecido; não os vemos claramente. Quando dizemos que estão obscurecidos, significa que vemos uma aparência falsa; eles não são verdadeiros, são ilusões. Podemos fazer uso de fenômenos convencionais do mundo — um texto, por exemplo — mas quando os analisamos de formas mais sutis descobrimos que a sua natureza é ilusória.

P. *Na esfera última, existem qualidades últimas?*

R. Falamos sobre sua entidade, natureza e compaixão, sua pureza primordial e realização espontânea. Todas as qualidades dos seres iluminados estão espontaneamente presentes no Estado Natural. É por isso que estudar e meditar nas escrituras e nas deidades tem o poder de trazer melhorias à nossa mente; porque esses aspectos e qualidades estão presentes no Estado Natural. No Estado Natural estas coisas surgem espontaneamente; não há necessidade de esforço.

P. *Quando você pensa sobre o número infinito de formas e aparências dentro do Estado Natural, ele é quase grande demais, ele se dissolve nele; é infinito.*

R. Não estou falando de nada que termine. Existem os três corpos incessantes no Estado Natural: Dharmakaya, e os corpos da forma, Sambhogakaya e Nirmanakaya. Eles são incessantes; Isso é importante. Não há cessação, nem fim no Estado Natural, nem verdadeiro nascimento ou exaustão. Quando as coisas se dissolvem no Estado Natural, você não precisa se preocupar se elas terminarão. O ponto essencial é que, quando visões ou pensamentos surgem durante a meditação, você não tenta impedi-los — porque não há cessação.

P. *Às vezes as pessoas criticam o Dzogchen e dizem que é incorreto. Por que disso?*

R. É o caso de ouvir esses ensinamentos, ficar assustado com eles e entendê-los mal. Quando o Estado Natural é apresentado, discute-se que ele está livre de conceitualidade. Eles entendem isso mal e pensam que é simplesmente um método para parar o pensamento. Se isso é tudo que você está tentando fazer, isso pode entorpecer sua mente, causar o renascimento como animal e assim por diante. Mas isto é um mal-entendido sobre o equilíbrio; uma compreensão correta do vazio e da clareza envolvidos. Não é apenas uma questão de parar o pensamento. Os pensamentos continuam a surgir. No meio do giro da roda, nos ensinamentos da Perfeição da Sabedoria, ouvimos os pronunciamentos de Buda de que não existe forma, nem sentimento, nem percepção e assim por diante; todas as proclamações da ausência de coisas. Isto revela uma falta de produção de fenômenos; eles não nasceram, são vazios. Já na clareza do Estado Natural existe a possibilidade de tudo surgir e não cessar. A negatividade pode ser interrompida, mas não há cessação da existência ou das aparências. Eles podem surgir. Esta não é uma visão niilista. Os pensamentos podem surgir. Quando você entra em um retiro escuro e tem visões de luz, raios e sons, é aí que você pode ganhar a verdadeira convicção de que as aparências surgem do Estado Natural. Não são os olhos que veem, é a própria mente; objetos podem ser vistos e letras podem ser lidas e escritas. Isto vem de uma compreensão correta da qualidade da consciência do Estado Natural. Existe uma linhagem de mestres que fizeram esta prática e que escreveram sobre as experiências que tiveram.

P. *Esta meditação do Estado Natural, existe uma maneira de usá-la como objeto para desenvolver shamatha?*

R. Se o Estado Natural for meditado corretamente, ele vai além da dualidade sujeito-objeto da meditação shamatha, onde há uma mente subjetiva focada em um objeto; transcende isso. Mas a prática de estabilizar a mente com a meditação shamatha fornece uma base ou preparação muito boa para a meditação Dzogchen.

P. *O Dzogchen tem os 9 estágios?*

R. Nas tradições do sutra e do tantra, é explicado que é preciso passar por nove níveis de posicionamento mental para alcançar uma permanência tranquila. Esses estágios não são aplicados nos ensinamentos Dzogchen; você não precisa necessariamente passar por todos os nove níveis. O primeiro, segundo, terceiro e quarto níveis são suficientes. Mas se alguém aperfeiçoou sua meditação shamatha passando por todos os nove níveis, isso também é excelente.

P. *A realização do corpo de arco-íris é a plena iluminação ou está em algum lugar no caminho da plena iluminação?*

R. É praticamente um sinal de que sim, alguém atingiu a plena iluminação. Porque todas as aparências surgem do Estado Natural. Este é um sinal de que sua natureza é a iluminação. Quando todas as aparências surgem e se dissolvem novamente no Dharmakaya, isto é, por definição, a iluminação.

Agradecimentos

Desejo expressar minha mais profunda gratidão a todos que contribuíram para a compilação deste livro por meio de tradução, revisão, edição e outras formas de apoio. Em particular, agradeço sinceramente ao Professor Kurt Keutzer por conceder permissão para utilizar o texto-raiz, a Bluebird pela tradução ao português, e a Ram Krishna e Nabindra pelo design do livro. Meu mais profundo agradecimento a todos os que ofereceram seu apoio. Ademais, dedico todo o mérito e as bênçãos oriundos deste trabalho aos voluntários da comunidade Kunzang Gar Internacional, bem como aos estudantes e apoiadores residentes em todos os cantos do mundo. Pelo Autor

Geshe Dangsong Namgyal

Geshe Dangsong Namgyal O diretor espiritual do Kunsang Gar, Geshe Dangsong Namgyal, é professor budista, erudito, autor e mestre de meditação. Como professor Rimé, abrange todas as tradições das escolas Bön e do Budismo Tibetano. Nascido na região de Kham, no Tibete, recebeu formação básica na cultura espiritual Bön, preliminares iniciais, tantra, rituais e Dzogchen de seu pai, de seus tios, do iogue Dzogchen Uri Lama Tsultrim Gyaltsen, Togdhen Sherab e Togdhen Sherab Phuntsok. Aos quinze anos, entrou no Mosteiro Lungkar, onde estudou meditação (drub dra) com Khenpo Nyima Lode e Lopon Tsultrim Namdag. Em 1991, atravessou a cordilheira do Himalaia para continuar seus estudos na shedra do Mosteiro Menri, na Índia. Em 1995,

Geshe Namgyal frequentou o Mosteiro Sera Jey, no sul da Índia, e recebeu ensinamentos de muitos grandes mestres. Completou um curso de dez anos em Lógica e Epistemologia Budista, Madhyamaka, sutra yana (Prajnaparamita) e os estágios do caminho para o estado de Buda. Em 2005, frequentou o Mosteiro Bön Triten Norbutse, no Nepal, estudando com Lopon Tenzin Namdag. Seus estudos incluíram filosofia Bön, Madhyamaka, Prajnaparamita, Vinaya, Abhidharma, Tantra Secreto e Dzogchen. Em 2011, recebeu o título de Geshe. Até os dias de hoje realizou apresentações em diversas conferências internacionais e escreveu mais de 20 livros em tibetano e inglês. Seu primeiro livro em inglês, Pure Dzogchen, é apreciado por muitas pessoas e foi traduzido para vários idiomas. Geshe-la chegou à Califórnia, EUA, em 2013, e desde então transmite continuamente ensinamentos espirituais e culturais tibetanos não sectários aos interessados no Ocidente. Desde que a organização sem fins lucrativos Kunsang Gar foi fundada em 2016 na Califórnia, Geshe-la difunde seus ensinamentos nos Estados Unidos, Europa, América Latina e Ásia.